"Finalmente, la iglesia contemporánea está reconociendo que debemos ser la sal de la tierra en cada área de la sociedad. Jesús nos llamó a hacer discípulos a todas las naciones, y Johnny Enlow hace un trabajo determinate al bosquejar la manera en que nosotros como siervos de Cristo podemos cumplir esa misión. Las revelaciones proféticas dentro de este libro lo prepararán para cambiar al mundo.

J. LEE GRADY

Autor de *10 mentiras que los hombres creen, Enciende mi corazon en fuego, Las intrepidas hijas de la Biblia y La verdad hace libre a las mujeres,*

"Una cosa es desear que el Reino de Dios se establezca en la tierra y otra tener la estrategia del Espíritu Santo para llevarlo a cabo. Creo que, en este libro, Johnny Enlow ha sido un vehículo de sabiduría y entendimiento divino que acelerará nuestro deber de anunciar avivamiento y transformación en toda la tierra. Recomiendo mucho este libro."

DR. CHE AHN

Pastor de Harvest Rock Church Presidente de Harvest International Ministry

"Este iluminador libro de Johnny Enlow quita el velo de la profecía revelada por separado a Bill Bright y Loren Cunningham hace casi una generación. ¡Es sumamente importante para nosotros en la actualidad! Recomiendo este libro para todo el que desee ser un valioso jugador para Cristo."

LARRY TOMCZAK

Director del International Center for Evangelism, Church Planting, and Prayer (ICECAP)

"*La profecía de los siete montes*, de Johnny Enlow, sobre la próxima Revolución de Elías puede ser el libro con mayor discernimiento espiritual que he leído sobre los tiempos en que vivimos. Este libro, de verdad, refleja lo que veo a Dios hacer en el mercado mundial. ¡Léalo y esté alerta!"

NT HUMPHREYS
I/Christ@Work

"Gracias a Dios por el nuevo libro profético de Dios de Johnny Enlow, quien describe poderosamente la manera en que se manifestará la oración del Padre Nuestro y cómo el Reino de Dios vendrá a la tierra ¡así como en el cielo! El mensaje de este libro, que los cristianos son llamados a ser más que sólo una subcultura y que el llamado y la vocación no se limitan a un estrecho confinamiento religioso, es vital para la potencia de la iglesia. Recomiendo mucho este libro capaz de cambiar al mundo, y animo a los lectores a asirse con fuerza de esta visión."

BOB WEINER
Weiner Ministries International

"Durante varias décadas, hemos ido perdiendo terreno en la cultura ante las agendas liberales y seculares. Si vamos a reclamar los siete montes de la cultura para Cristo, la iglesia debe hacer un cambio importante en su manera de hacer las cosas. Johnny Enlow nos ha dado una estrategia maestra para cumplir el mandato de Cristo de reclamar todo lo que se ha perdido. Cristo ya pagó el precio, pero ahora debemos tomar la tierra. Este libro es de lectura obligatoria para todos los seguidores serios de Cristo que creen que nuestro llamado es ser cabeza y no cola, al ser la imagen de Cristo en la tierra. Es rico espiritualmente y muestra un entendimiento de los tiempos y el rol estratégico que debemos desempeñar en estos últimos días." ¡Bien hecho, pastor Johnny!

OS HILLMAN
Autor de TGIF Today God Is First y La ventana de 9 a 5
Presidente de Marketplace Leaders and International Coalition of
Workplace Ministries

"Si usted es lo suficientemente radical no sólo para orar por la transformación y la revolución de la sociedad, sino para vivirla, este diagrama profético puede mostrarle el destino que sólo usted puede cumplir."

LOU ENGLE
Cofundador de The Call (El llamado)

"Si tiene el deseo de ver una transformación en su ciudad, debe leer este libro. Johnny Enlow hace un excelente trabajo al marcar la estrategia divina de Dios sobre la manera en que los cristianos pueden influir en sus comunidades. No sólo hay siete montes en las ciudades que necesitan ser reclamados, usted se dará cuenta cómo es posible tomar naciones enteras para el Reino de Dios. Ya es hora de que el Cuerpo de Cristo entre en los campos a cosechar ciudades. Este libro está en la vanguardia del plan de Dios para la transformación de las ciudades."

CAL PIERCE
Director de Healing Rooms Ministries International

"La palabra más fuerte que el Espíritu está hablando a las iglesias tiene que ver con el deseo de Dios de que su pueblo tome el control de cada área de nuestra sociedad. La mejor plantilla para diseñar las estrategias que harán tal cosa posible se conocen como los siete montes o los siete moldes de la cultura. Hasta la fecha, Johnny Enlow es quien mejor ha mostrado al Cuerpo de Cristo los desafíos naturales y espirituales que se presentan para el cumplimiento del plan de Dios en cada uno de los montes. Creo que todo líder que tenga en mente el Reino, ya sea en la iglesia o en el trabajo, ¡necesita considerar este libro como indispensable!"

C. PETER WAGNER
Apóstol Presidente, Coalición Internacional de Apóstoles

"Cualquier persona interesada en romper barreras para una transformación cultural querrá leer este libro. Tal como hicieron Lewis y Clark, el Pastor Johnny Enlow nos ha realizado un tremendo servicio al explorar el terreno que yace frente a nosotros."

LANCE WALLNAU

LA PROFECÍA
DE LOS SIETE
MONTES

JOHNNY ENLOW

CASA
CREACIÓN
Para vivir la Palabra

Para vivir la Palabra

MANTÉNGANSE ALERTA;
PERMANEZCAN FIRMES EN LA FE;
SEAN VALIENTES Y FUERTES.
—1 CORINTIOS 16:13 (NVI)

La profecía de los siete montes por Johnny Enlow
Publicado por Casa Creación
Miami, Florida
www.casacreacion.com
©2008 Derechos reservados

Library of Congress Control Number: 2008921136
ISBN: 978-1-59979-142-5
E-book ISBN: 978-1-941538-98-2

Desarrollo editorial: *Grupo Nivel Uno, Inc.*
Diseño interior: *Grupo Nivel Uno, Inc.*

Publicado originalmente en inglés bajo el título:
The Seven Mountain Prophecy
por Creation House, A Charisma Media Company
Copyright © 2008 by Johnny Enlow
Todos los derechos reservados.

A menos que se indique lo contrario, los textos bíblicos han sido tomados de la Santa
Biblia, Nueva Versión Internacional® nvi® ©1999 por Bíblica, Inc.© Usada con permiso.
Las definiciones se derivan del libro *Strong's Exhaustive Concordance of the Bible*
(Concordancia exhaustiva de la Biblia de Strong); STRONG, James (editor); 1997; Thomas
Nelson Publishers; Nashville, TN. También del *Diccionario Webster en línea*: www.
websters-online-dictionary.org.

Nota de la editorial: Aunque el autor hizo todo lo posible por proveer teléfonos y
páginas de Internet correctas al momento de la publicación de este libro, ni la editorial
ni el autor se responsabilizan por errores o cambios que puedan surgir luego de haberse
publicado.

Impreso en Colombia

24 25 26 27 28 LBS 9 8 7 6 5 4 3 2

AGRADECIMIENTOS

M E GUSTARÍA MOSTRAR MI aprecio especialmente a los miembros y el personal de Daystar, por adoptar de corazón esta nueva revelación y por apoyarme mientras entendía cómo comunicarla. Gracias a Karen Ruff y su equipo de intercesión, por dar a luz este proyecto a través de su fiel oración. Rachel Krause, has sido una expresión del favor de Dios en nuestra vida y nuestro ministerio; aprecio tu sabiduría, tu fidelidad y la labor de amor que tan notoriamente haces para el Señor.

Debo honrar también a mis padres, Jack y Gladys Enlow, quienes fueron un ejemplo de una fe que inspiró en mí un amor por las naciones. Estoy agradecido por el legado que mi padre dejó a nuestra familia cuando recibió su recompensa en el cielo en 2005. Mamá, estoy muy orgulloso de tu continuo servicio para el Señor en Perú. También me gustaría dar reconocimiento a mis suegros, Ray y Cindy Tyler, cuyo amor, oración y apoyo en todos los sentidos me ha dado alas.

Chris Tiegreen, tu habilidad en la edición y tu consejo han sido invaluables para mí en el proceso de escribir este libro. Gracias también a Allen Quain y el personal de Creation House por hacer de la publicación del libro un proceso tan sencillo.

A mis cuatro hijas, Promise, Justice, Grace y Glory, gracias por rodearme de besos y abrazos, risas y belleza. Ustedes han hecho mi mundo un lugar increíblemente rico. Que conforme viajen conmigo a las naciones, aprendan una pasión por Dios que las haga seguirlo con todo su corazón.

Por último y más importante, me gustaría agradecer a mi esposa, Elizabeth, quien ha caminado paso a paso conmigo en este proceso. Tú me has ayudado en cada nivel del proyecto, desde ayudarme a encontrar tiempo hasta asegurarte de que diga lo que estoy tratando de decir. Has sido mi mayor animadora y mi mejor amiga en esta fantástica aventura celestial en la que caminamos juntos. Sigo emocionado por el resto de nuestra vida juntos a su servicio.

CONTENIDO

PRÓLOGO

CUANDO ERA ADOLESCENTE, oraba por que Dios me diera un esposo que me hiciera correr para poder alcanzarlo en lo espiritual (¡ya casi llevo veinte años corriendo!). Mantenerme al paso de mi mejor amigo y esposo, Johnny Enlow, ha sido una aventura mayor de lo que jamás hubiera soñado. Antes de casarnos, me aseguró que había dos cosas que nunca haría: hacerse pastor o hacer "esa cosa de las misiones", ¡y, desde luego, eso es precisamente lo que ha estado haciendo por los últimos diez años!

Los padres de Johnny fueron misioneros durante cincuenta años en Perú, y él vio cuánto trabajo era necesario para obtener lo que parecía ser muy poco fruto durante los años de juventud que pasó en las selvas de ese país; por lo cual el trabajo misionero y recorrer las naciones no era para él algo glamoroso en absoluto. Para mí, eso fue un consuelo, porque sencillamente me aterraba la idea de dejar mi propia comida, mi cama ¡y mi baño! Durante nuestros primeros años de matrimonio, la palabra "pastor" era considerada una mala palabra en nuestra casa. Sin embargo, fuimos despertados con rudeza a la realidad de los pastores falsos cuyo engaño está enraizado en Jezabel y de que todo ello estaba más cerca de nosotros de lo que nos hubiéramos atrevido a creer. En retrospectiva, podemos ver que Dios nos estaba preparando para lo real, al dejarnos dar una bocanada profunda de lo falso. Después de suplicarle a Dios que trajera justicia a nuestra ciudad (y pasar por un largo proceso de sanidad por parte del Espíritu Santo), su respuesta fue pedirnos que participáramos en levantar lo verdadero, a su hermosa Novia. Así que ahora ambos invertimos con gusto nuestra vida en Él y la Iglesia por la cual dio su vida, tanto aquí en Atlanta como en todas las naciones a las que hemos tenido el privilegio de viajar. Johnny ha dirigido equipos en más de sesenta viajes de misiones de corta duración en los que hemos visto a gente ordinaria como nosotros y nuestros amigos hacer grandes proezas por medio del poder de Dios (¡Jesús cautivó mi corazón de una manera tan profunda, que ni siquiera mis miedos pudieron mantenerme atada a mi comodidad, ¡por lo que yo también he viajado bastante con él!). Si usted es como yo, seguramente piensa al leer libros como este: "¿Cómo recibió esa revelación el autor? ¿Cómo pudo hacer encajar todo en medio de lo ordinario?". Así que me dije, como esposa del autor, puedo hablar de primera mano sobre el camino que llevó a Johnny hasta aquí. A través de los años, he observado a Johnny conforme luchaba con Dios y comprendía su verdadera identidad como hijo suyo, fuera de su carrera o su ministerio. Lo he visto luchar con preguntas relacionadas a la visión completa, también lo he visto aprender cómo dialogar con Dios sobre todo lo que lo ha afligido en el Cuerpo de Cristo, así como a confiar en la presencia de su Padre y estar satisfecho con su amor, aun si nunca lograra recibir revelación o entendimiento. Esto es sencillamente porque ha encontrado que Él es suficiente. Su viaje, nuestro viaje, nos ha llevado a una intimidad con Dios mayor a lo que jamás creímos posible, y usted sabe lo que pasa al encontrar una verdadera intimidad (nos impregnamos de un fruto eterno y más real que est atmósfera terrenal). Con frecuencia, le digo a Johnny: "¡Esto nos supera!". Pero no cambiaría nuestra realidad por ninguna otra. Con Dios, aprendemos la intimidad y terminamos dando a luz cosas que no podemos sostener por nosotros mismos, las cuales nos fuerzan continuamente de vuelta al corazón del Padre para recibir su estrategia sobrenatural y su poder.

Quiero decirle, desde el principio, que todo lo que contiene este libro fluye de lo que ha rebosado en los momentos que pasa Johnny con su Papá. Conforme aprendió a simplemente estar con Él, sin buscar ideas para un sermón o respuestas a sus preguntas, encontró que cuando su tiempo juntos terminaba al final del día, él sencillamente sabía cosas que no conocía antes. En ocasiones, lo describe de la siguiente manera: uno entra en su presencia y lo disfruta sin que le importe estar o no estar escuchando, viendo o sintiendo nada en ese momento. Cuando se aleja, se da cuenta de que Dios introdujo lo que sea que tenía para uno en su bolsillo trasero mientras estuvo con Él, y cuando necesita lo que le dio ¡ahí estará! (Está bien, debo admitir que suena tan fácil que en ocasiones es frustrante, pues se me dificulta mantener la mente quieta, pero cuando lo hago, de seguro vale la pena el esfuerzo).

Hace poco más de un año, Cal Pierce le profetizó a Johnny que Dios estaba a punto de mostrarle la manera en que funciona el Reino de Dios y que la revelación que le daría lo iba a estremecer. Cal también dijo que el Señor le enseñaría cómo salvar una nación en un día. Poco después de este suceso, Johnny comenzó a comprender mucho de lo que comprarte en este libro. Unos cuantos meses después, cuando ya estaba escribiendo, nos encontrábamos en un congreso en el que Chuck Pierce le profetizó a Johnny que veía en él un gran favor para las naciones y que el Señor dijo: "¡Sí, una nación puede salvarse en un día!".

Muchos de quienes leen esto se han sentido quebrantados, han tenido un gran deseo de servir al Señor, pero las realidades cotidianas de la familia y el trabajo son demasiado abrumadoras. Si las cosas no van bien en su carrera, quizá se sienta tentado a buscar una manera de dejar todo atrás y venderse (de remate) a Dios para entrar a lo que llamamos "ministerio de tiempo completo". Si su carrera o su negocio tiene éxito, entonces puede sentirse tentado a creer que no tiene ningún ministerio y que quizá defraudó a Dios de alguna forma. La revelación profética que Johnny enseña en "La profecía de los siete montes" revolucionará su manera de pensar, y verá la respuesta a la pregunta que hizo David al ver a todos paralizados de miedo ante Goliat: "¿No hay una causa?". Su corazón ha clamado y preguntado si hay algo en su vida que pueda dar y que sea del agrado de Dios. ¿Acaso no hay una causa eterna para lo cual fui creado? Tal como David, usted verá que los años de encontrar a Dios en medio de lo ordinario y lo corriente, y de matar a leones y osos en su camino, lo han preparado para matar gigantes. Como David, usted entenderá que la esperanza de la victoria está en el hecho de que ¡la batalla es del Señor! Sólo recuerde algo que hemos aprendido en el camino: no confunda con amor, aceptación y aprobación el favor que Dios le dé para "cortar la cabeza del gigante". El favor no es su amor, sino que se concede para la tarea que deba llevarse a cabo. El favor no es algo que se merezca o se gane. Puede haber asuntos importantes en su corazón o su estilo de vida por los cuales Dios lo esté disciplinando y, aun así, puede recibir su favor sobrenatural para tener un impacto en el mundo. Es por ello que es tan importante tener intimidad con Él como una prioridad por encima del ministerio. Lo que hagamos con Él y para Él debe ser lo que fluya de nuestra comunión a solas con Dios, y en esa soledad de dos será donde su amor, aceptación, aprobación y disciplina llegarán a nuestras vidas. Nunca permita que el favor de Dios se vuelva más importante que su intimidad con Él, pues la influencia que usted tenga debe estar cimentada en una comunión profunda, lo cual varía de persona en persona.

Hay una última historia que debe escuchar antes de aprender cómo ser un revolucionario de Elías. Cuando Johnny terminó de escribir este libro, fue a Costa Rica, donde planeaba predicar su nuevo mensaje completo por primera vez fuera de nuestra iglesia local. El plan era enseñarlo por completo en un congreso así como dar un panorama general del mismo en Enlace TV, un canal que transmite a más de sesenta países en todo el mundo. Como contexto, es necesario saber que Johnny se ha acostumbrado mucho a presenciar señales sobrenaturales durante sus viajes y conferencias, muchas de las cuales tienen que ver con la electricidad y las luces a donde sea que vaya. En este sentido, al principio, su viaje a Costa Rica parecía similar a otros. Johnny también está acostumbrado a sentir algo de resistencia en el reino espiritual conforme se prepara a ministrar, pero lo que sintió en aquella ocasión no tenía comparación. Tenía la necesidad de orar en el Espíritu en voz baja cuando no estaba predicando, sólo para mantener la concentración y poder dar el siguiente mensaje de la serie. Literalmente, podía sentir el poder de confrontación que lleva esta revelación en el Espíritu, así que rápidamente se dio cuenta que era mucho más importante de lo que había creído hasta entonces. Con el paso de los días, notó que los apagones incrementaban cada vez que hablaba sobre los siete montes donde sea que fuera. Se volvió evidente que no era coincidencia; por ejemplo, cuando abrió la boca para decir la primera palabra del mensaje en televisión internacional, la estación perdió la energía eléctrica sin razón aparente; gracias a Dios, pudieron cambiar a su fuente de respaldo durante el desfase normal de 10 segundos de la señal. Así que en una de las últimas reuniones del congreso, Johnny comenzó a compartir con los asistentes cuál era la razón que el sentía estaba detrás de los múltiples apagones durante la semana. Mencionó que el Señor le había mostrado que esta revelación era tan poderosa y que sacarla a la luz era tan importante, que era necesario transformar nuestra forma actual de pensar para poder recibirla (como transformar un voltaje de 110 a 220). Les dijo que le había quedado muy claro con la "parábola profética" de los cortos circuitos y apagones que la revelación era lo suficientemente poderosa como para hacer corto en la instalación eléctrica de toda la nación.

Al salir esas palabras de su boca, a las 8:10 pm del 19 de abril de 2007, ¡la red eléctrica de Costa Rica se apagó y dejó a toda la nación sin electricidad durante varias horas! Todo para decir esto: pidan al Espíritu Santo la gracia para percibir lo que Dios está sacando a la luz en este momento, porque Él es digno de recibir aquello que esta generación ha sido invitada a darle. ¡Que conforme siga leyendo, su parte se vuelva más clara para usted!

– Elizabeth Enlow

INTRODUCCIÓN

El rollo escrito y el Cordero

"Vi en la mano derecha del que estaba sentado en el trono un libro escrito por dentro y por fuera, sellado con siete sellos. Y vi a un ángel fuerte que pregonaba a gran voz: ¿Quién es digno de abrir el libro y desatar sus sellos? Y ninguno, ni en el cielo ni en la tierra ni debajo de la tierra, podía abrir el libro, ni aun mirarlo. Y lloraba yo mucho, porque no se había hallado a ninguno digno de abrir el libro, ni de leerlo, ni de mirarlo. Y uno de los ancianos me dijo: No llores. He aquí que el León de la tribu de Judá, la raíz de David, ha vencido para abrir el libro y desatar sus siete sellos. Y miré, y vi que en medio del trono y de los cuatro seres vivientes, y en medio de los ancianos, estaba en pie un Cordero como inmolado, que tenía siete cuernos, y siete ojos, los cuales son los siete espíritus de Dios enviados por toda la tierra. Y vino, y tomó el libro de la mano derecha del que estaba sentado en el trono. Y cuando hubo tomado el libro, los cuatro seres vivientes y los veinticuatro ancianos se postraron delante del Cordero; todos tenían arpas, y copas de oro llenas de incienso, que son las oraciones de los santos; y cantaban un nuevo cántico, diciendo: Digno eres de tomar el libro y de abrir sus sellos; porque tú fuiste inmolado, y con tu sangre nos has redimido para Dios, de todo linaje y lengua y pueblo y nación; y nos has hecho para nuestro Dios reyes y sacerdotes, y reinaremos sobre la tierra. Y miré, y oí la voz de muchos ángeles alrededor del trono, y de los seres vivientes, y de los ancianos; y su número era millones de millones, que decían a gran voz: El Cordero que fue inmolado es digno de tomar el poder, las riquezas, la sabiduría, la fortaleza, la honra, la gloria y la alabanza."

APOCALIPSIS 5:1-12

En Apocalipsis 5, podemos vislumbrar un momento sorprendente que se desarrolla en el cielo. El Padre, en su trono, sostiene en la mano derecha un rollo con siete sellos que nadie es digno de romper. Juan, el apóstol está abrumado por la tristeza y las lágrimas mientras contempla esta realidad celestial. Un anciano se acerca a Juan y le dice que no llore, porque ha llegado alguien digno de abrir el rollo y romper sus siete sellos.

¡Ese alguien es el Cordero que fue inmolado por nosotros! Se menciona que tiene siete cuernos y "siete ojos que son los siete espíritus de Dios". Los siete cuernos representan siete fundamentos del poder del Cordero adquiridos por su asombroso acto de redención en la cruz. Es por ello que después de su resurrección Jesús dijo: "Se me ha dado toda autoridad en el cielo y en la tierra" (Vea Mateo 28:18). Ahora, no sólo había pagado el precio para rescatar las almas del infierno y no sólo para que algunos cuantos recibieran sanidad, sino que había demostrado ser digno de recuperar todo el terreno perdido desde el Huerto del Edén. Jesús había recuperado la autoridad de restablecer el dominio de Dios sobre los siete pilares de las culturas mismas o infraestructuras de cada nación en la tierra. Segundo libro de Crónicas 16:9 nos dice que: "El Señor recorre con su mirada toda la tierra, y está listo para ayudar a quienes le son fieles". Los "siete ojos" del Cordero están buscando literalmente a quiénes enviar ayuda sobrenatural desde el cielo mientras trabajan para el Reino de Dios en la tierra. Los siete espíritus de Dios representan la ayuda espiritual y los ángeles asignados para hacer cumplir la autoridad dada a Jesús sobre el cielo y la tierra. Es por ello que tras declarar su autoridad completa, añade una Gran Comisión: "Por tanto, id, y haced discípulos a todas las naciones" (vea Mateo 28:19). La Gran Comisión siempre ha sido mucho más de lo que la mayoría de nosotros imagina. En Apocalipsis 5:6, vemos una explosión de gozo que llena los cielos cuando Jesús toma el rollo con los siete sellos. Los cuatro seres vivientes y los veinticuatro ancianos entonan un cántico nuevo. El versículo 10 contiene el verso clave del cántico: "Y nos has hecho para nuestro Dios reyes y sacerdotes, y reinaremos sobre la tierra". El dominio que Adán y Eva perdieron fue recuperado y el cielo se regocija. Millones de ángeles se suman a la alabanza: "El Cordero que fue inmolado es digno de tomar el poder y riquezas y sabiduría, y fortaleza y honra y gloria y alabanza"

(v. 12). Los siete atributos de majestad mencionados en el versículo 12 y que Él es digno de recibir coinciden con los siete pilares principales de la sociedad o la cultura de cada nación. Cuando hablamos de hacer discípulos a todas las naciones ¡hablamos de los siete pilares de la sociedad que el Cordero es digno de recibir! Después de investigar el significado original en griego de estas palabras, se volvió claro para mí que "poder" se refiere al gobierno, "riquezas" a la economía, "sabiduría" a la educación, "fortaleza" a la familia, "honor" a la religión, "gloria" a la celebración (arte y entretenimiento) y "alabanza" a los medios. El Cordero fue inmolado y con ello hizo el máximo sacrificio para permitirnos hacer discípulos a todas las naciones, es decir, instruirlas en estos siete fundamentos de la cultura, logrando con esto entregarlas a Él y cumplir Apocalipsis 11:15. "Los reinos del mundo han venido a ser de nuestro Señor y de su Cristo; y él reinará por los siglos de los siglos". Nuestro Dios es digno de que todos los pueblos y todas las áreas de la sociedad se sometan a su justa dirección.

A lo largo de este libro, llamaré "montes" a los fundamentos de la cultura o los sectores de la sociedad. Apocalipsis 17 habla de una ramera que se sienta en una bestia con siete cabezas que son siete montes. Esta entidad demoníaca representada como mujer debe ser desplazada de las cimas de los montes o del asiento del poder. Tal es la misión que Jesús nos comisionó. Jesús es la cabeza y nosotros somos su cuerpo, Él ya hizo su parte al recobrar todo el poder y la autoridad a través de la cruz y su resurrección. Él dejó la tierra para poder enviarnos el mismo Espíritu Santo que tuvo el poder suficiente para levantarlo de los muertos, de modo que seamos capaces de cumplir su mandato para ir y hacer discípulos a todas las naciones. Lo anterior es nuestra tarea pendiente, la Tierra Prometida que aún debemos tomar. Todo lo que necesitamos ya nos ha sido otorgado y su favor nos acompañará al aceptar la misión. En los siguientes capítulos, voy a subrayar las siete áreas específicas de influencia que el Señor nos ha asignado en la iglesia, y, después, iremos más profundo en la naturaleza de las batallas espirituales comprendidas en esta misión de siete partes. Los aspectos que moldean la cultura: los medios de comunicación, el gobierno, la educación, la economía, la familia, la religión y la celebración (arte y entretenimiento) son la clave para hacer avanzar el Reino de Dios en las naciones.

Ya tenemos con nosotros el favor para "invadir" los siete montes como parte de la estrategia de Dios para el fin de los tiempos con la cual se erigirá como el Soberano de las Naciones. En lo personal, he comenzado a experimentar este favor cuando en ocasiones he sido empujado a profetizar sobre la vida de líderes clave en diversas naciones que visito con frecuencia. He tenido el privilegio de alcanzar a presidentes, legisladores, políticos, generales, capitanes, gobernadores, alcaldes, altos ejecutivos y personalidades de los medios. Este fenómeno iniciado por Dios está sucediendo para muchos en todo el mundo y sólo se incrementará conforme los cristianos aceptemos la misión para la que Jesús nos llamó. El favor de Dios brota y está a nuestra disposición en este momento para posicionarnos en lugares de influencia social sin precedentes.

En la actualidad, las naciones que antes no han tenido líderes políticos cristianos están comenzando a verse bajo la influencia de líderes clave como presidentes, legisladores y otros que comparten la fe en Cristo; los educadores cristianos están siendo llamados a la vanguardia haciéndose conocidos por nuevos conceptos y nuevos programas para las escuelas; las películas y el arte están experimentando de pronto una influencia cristiana como no se había visto; los atletas, entrenadores, artistas, músicos, economistas, legisladores, periodistas, empresarios y más son promovidos espiritualmente de una manera fuera de serie. Conforme el mundo se vuelve más oscuro, la luz verdadera de Cristo está comenzando a brillar cada vez más. La iglesia está recibiendo la oportunidad de manifestar las soluciones de Cristo para la sociedad de una forma nunca antes vista y fuera de las cuatro paredes de una institución. El Señor está levantando a su pueblo, dándole la oportunidad de cumplir la Gran Comisión: hacer discípulos a todas las naciones y no sólo a los individuos.

Algunos comienzan a reconocer la estrategia soberana de Dios que los promueve a niveles como nunca antes. Sin embargo, muchos no dimensionan por completo la oportunidad que Dios nos está dando. Lo anterior es el propósito central de este libro: ayudar a los cristianos a entender que el favor que estamos recibiendo es parte de una estrategia divina y que existe para que cada persona encuentre su asignación ministerial. Cada creyente necesita comprender que su trabajo no es un llamado secular, ¡es una misión asignada por Dios!

También identificaré la naturaleza de la batalla espiritual que se desarrollará conforme obtengamos y mantengamos una influencia de Dios en las áreas que moldean la cultura. Reconocer que Dios nos está concediendo favor para posicionarnos en la sociedad, debe ir de la mano con la comprensión de la armadura espiritual que debemos portar para superar los enemigos demoníacos que obran en los siete montes de influencia, cada una de las cuales se encuentra bajo un plan diabólico específico para cada área en particular. La influencia de Dios sólo puede conseguirse al operar con un espíritu opuesto al que impera en el mundo. Por ejemplo, un espíritu como el de Jezabel tratará de evitar que un cristiano influya en el monte de la celebración (las artes y el entretenimiento) de manera que el creyente que busque tener un impacto en ese monte deberá mantenerse libre de dicha influencia. El espíritu de las riquezas injustas (Mamón) tratará de obrar para evitar que los cristianos progresen en el Monte de la Economía (los negocios y la riqueza); por ello, un cristiano que sea llamado a influir fuertemente en este monte, debe estar libre de la influencia de Mamón en su propia vida antes de poder ejercer cualquier autoridad espiritual en dicho monte. Para tener éxito en hacer patente la influencia de Dios, primero debemos comprender la labor que se nos asigna y después comprender la naturaleza que rige a las fuerzas demoníacas que buscarán estorbarnos.

Creo que este libro puede ser un recurso útil para ayudar a estudiantes de bachillerato y universidad a orientarse a carreras con un mandato bíblico. Imagine comenzar su vida adulta concentrando su pasión para Dios en un área específica de estudio, sabiendo que usted ha sido llamado o llamada para transformarla a través de una estrategia sobrenatural, inspirada por el Espíritu Santo que impactará sobremanera la forma de pensar del mundo. Imagínese no preocuparse del sueldo o el prestigio, sino únicamente de que la justicia de Dios sea evidente para todos en un área determinada de la sociedad. Es crucial que se presenten opciones válidas para el futuro ministerial de los adultos jóvenes que tienen una pasión por Dios, además de los campos típicos donde se desenvuelve el ministerio (como el pastorado). Mi deseo es desafiar a todos aquellos que buscan invertir radicalmente su vida en Dios a que le pregunten en qué monte les concederá favor para producir un impacto radical. Los siete montes o áreas de influencia no son los únicos siete en nuestras sociedades, sino que son los ámbitos específicos en los cuales Dios nos está favoreciendo sobremanera para que las retomemos y las pongamos bajo la influencia de Cristo. Para convertirnos en la cabeza y no la cola (Deuteronomio 28:13), debemos capturar las áreas de influencia que son la "cabeza" de nuestra sociedad. Nuestra pobreza de visión espiritual y de comprensión escatológica nos ha mantenido como la "cola", alejados de nuestra Tierra Prometida.

Los primeros capítulos de este libro tendrán el objetivo específico de corregir dos cimientos defectuosos en nuestras vidas: la falta de visión y un entendimiento mal orientado sobre los últimos tiempos. Después, dedicaré un capítulo a cada uno de los siete ámbitos que se nos han asignado. No se tratarán los temas de manera exhaustiva, pero creo que serán suficientemente ilustrativos para servir como punto de partida. Creo que este libro le resultará muy útil para ayudarlo a identificar el "monte" (o montes) en la cual Dios le dará su favor para ser influencia, como Caleb, quien conoció el monte al que debía dirigirse a la edad de ochenta y cinco años (Josué 4:12).

Este libro es tanto profecía como estrategia para la labor que tenemos frente a nosotros. La iglesia verá cumplirse la oración de Jesús: "Como en el cielo, así también en la tierra" y lo que usted está a punto de leer es una plantilla integral de la manera en que ello ocurrirá. Estoy consciente de que, en ocasiones, generalizo de más y llego a pintar con pinceladas demasiado anchas, ¡por lo que pido su comprensión de antemano! Creo que presenciamos las primeras fases de una revelación para nosotros que involucra estas verdades y confío en que habrá muchas más personas que entenderán mucho más conforme pidamos mayor claridad a Dios. Mientras tanto, no desestime las premisas centrales que esbozaré a causa de un detalle que pueda parecerle controversial. Este es un tiempo verdaderamente asombroso para estar vivos, y si usted tiene oídos para oír, quizá pronto lo comprenda mejor que nunca. Que el Espíritu Santo le aclare su misión y el monte al cual deberá impactar como Dios lo planeó desde que lo formó. Sepa que al aceptar la "misión imposible" ¡todo será posible con su favor!

¡TSUNAMI!

EL 6 DE DICIEMBRE DE 2004, nuestra generación despertó de golpe ante la realidad de lo que es un tsunami y lo que puede hacer. Ese día, más allá de la costa oeste de Sumatra, un mega terremoto subacuático agitó los sensores sísmicos en todo el mundo en lo que quizá fue el segundo movimiento de tierra más fuerte que haya sacudido al planeta.[1] Los informes dicen que el movimiento telúrico duró más de quinientos segundos (el más largo de su categoría). Produjo una trinchera oceánica de varios kilómetros de ancho, arrastrando millones de toneladas de roca hasta once kilómetros sobre el lecho marino, todo el planeta vibró por lo menos un centímetro y se registraron ondas de choque hasta Oklahoma, la rotación de la tierra se alteró y la duración de los días se acortó por un par de microsegundos. En verdad, este fue un terremoto de proporciones bíblicas.

Por cataclísmico que haya sido el terremoto, las ondas subsiguientes que provocó, capturaron aún más nuestra atención, pues el cambio creado por el movimiento desencadenó una serie de tsunamis que mataron aproximadamente a doscientas treinta mil personas e infligieron daños horrendos valuados en miles de millones de dólares. Las olas de hasta treinta metros golpearon las costas llegando a producir la desaparición de algunas islas. Los tsunamis continuaron implacablemente durante horas y llegaron hasta África, a ocho mil kilómetros de distancia.

Nunca antes tanta gente había presenciado un desastre de esta magnitud. Gracias a la tecnología moderna, nuestra generación pudo atestiguar la tragedia de primera mano. Desde ese día, quienes viven cerca de las zonas costeras no se atreven a quedarse cerca del mar cuando sienten que el suelo tiembla bajo sus pies, pues cada terremoto representa un tsunami potencialmente desastroso. Vivir cerca de la costa se ha vuelto una ocupación peligrosa.

¿Qué es un Tsunami?

Un tsunami o maremoto es un desplazamiento de agua que produce un repentino incremento en el nivel del mar. Su nombre proviene de dos raíces japonesas: *tsu* = muelle y *nami* = ola. Dicho nombre fue dado por pescadores japoneses quienes, al llegar al muelle después de un día en el mar, quedaban atónitos al ver todo destruido. En las aguas profundas, no notaban nada, pues un tsunami es apenas perceptible en esas condiciones, pero conforme se acerca a la costa (a una velocidad que supera los ochocientos kilómetros por hora) comienza a empujar las aguas hasta formar una ola sísmica. A diferencia de una ola normal, creada por el agua y las corrientes de aire, un tsunami se forma a partir de un terremoto que cambia la posición de las placas tectónicas de la tierra y desplaza una enorme cantidad de agua; también, puede ser producto de otros sucesos cataclísmicos como, por ejemplo, un meteorito que impacte con el océano o un enorme trozo de tierra que colapse en el agua. Sin embargo, técnicamente, un tsunami es sencillamente una elevación repentina del nivel del mar y, con frecuencia, es producido por un terremoto.

¿Cómo saber si un tsunami se aproxima?

No hay manera de saber si un tsunami se aproxima, al menos no de forma completamente segura, no existen señales de advertencia a prueba de errores. Se sabe que, en ocasiones, el agua se aleja impresionantemente de la costa, pero muchos lugares a los cuales llegó el tsunami del 2004 no presenciaron tal fenómeno. Ya que es tan difícil registrar los tsunamis en mar abierto, es un verdadero desafío predecir con certeza si se manifestarán así como cuándo y dónde. Desde aquél devastador tsunami, se han emitido alertas frecuentes en lugares donde *no* se había visto ninguno. Aún con toda nuestra tecnología actual, la predicción de un maremoto es casi tan precisa como un pronóstico del tiempo, siempre es cuestión de probabilidad y no de certeza. La detección de un gran terremoto regional sólo produce una advertencia de que existe el *potencial* de un tsunami y que se deben tomar precauciones cerca de la costa.

¿Cómo se pueden prevenir los tsunamis?

Una vez que se ha liberado energía para crear un desplazamiento importante de agua, no hay manera de detenerlo, llegará a la costa en algún lugar.

Existen señales en algunas playas de Califorña que contienen consejos sobre cómo prepararse para un posible tsunami:

Zona de riesgo de tsunamis: en caso de terremoto, diríjase a terreno alto.

Cualquier sensación que indique movimiento sísmico es, de hecho, una advertencia. Si ni el terreno alto ni una ruta tierra adentro son opciones logísticas, el único recurso es encontrar el edificio mejor cimentado y construido con el material más resistente.

No es difícil saber qué destruirá un tsunami al tocar tierra:

- Lo que esté construido muy cerca del mar.
- Lo que esté construido con materiales inferiores o cuyos cimientos sean débiles.
- Y quienes vivan en cualquiera de las estructuras antes mencionadas.

Ninguna casa ubicada en una cordillera ha sido alcanzada por un tsunami y ninguna persona que viva en un lugar así ha perdido la vida a causa de un maremoto; es importante que notemos eso. Un tsunami no es inherentemente malvado, es sencillamente una elevación del nivel del mar que se da *repentinamente*. Un terreno alto y materiales de construcción de alta calidad son las defensas básicas para brindar protección ante los efectos devastadores de un posible tsunami. Cuando se respeta el impresionante e impredecible poder del mar, no hay daños, sólo ajustes ante un nuevo nivel del mar. Sin embargo, aún no hay manera de evitar el hecho de que después del tsunami, habrá que lidiar con un panorama completamente diferente bajo los pies. Desde luego, estoy refiriéndome específicamente a esta verdad y a sus efectos en un sentido metafórico.

Un tsunami espiritual

Estoy convencido que un tsunami espiritual, de resultados positivos, ya ha sido liberado, lo llamo la Revolución de Elías. De la misma manera en que el maremoto del 2004 en Asia produjo varias olas (de las cuales la tercera fue la más letal en muchos lugares), el siguiente tsunami se producirá en etapas. Posteriormente, entraremos en los paralelos entre el último tsunami y éste, pero a final de cuentas, la Revolución de Elías cambiará el panorama de la sociedad; cada quien tendrá que hacer al menos algún tipo de ajuste. Ningún ojo ha visto, ni ha subido en el corazón del hombre las cosas que están por suceder en el planeta tierra. La tierra es del Señor al igual que su plenitud, y, muy pronto, todos lo sabrán (vea 1 Corintios 2:9 y Salmos 24:1).

LA REVOLUCIÓN
DE ELÍAS

L A SOCIEDAD ESTÁ OBSESIONADA con las reconstrucciones extremas. Los *reality shows* muestran la reconstrucción de coches, casas, rostros y hasta relaciones radical y rápidamente. Tales programas anuncian que el mundo es infeliz con el estado actual de las cosas. Queremos un cambio rápido y extremo de lo que conocemos; es una búsqueda desesperada de felicidad y amor verdadero, un excelente ejemplo de las "piedras" de la sociedad que claman por redención. El mundo no sabe exactamente qué es lo que está buscando, pero sabe que está buscando algo diferente. Mirando las profundidades de los pozos sin fondo de situaciones desesperadas (sida, terrorismo, drogas, pandemias, guerras étnicas, guerras religiosas, desintegración familiar, hambruna y situaciones políticas sin esperanza en el Oriente Medio y otros lugares), la gente se da cuenta que hace falta un cambio radical y estremecedor. Es manifiesto que toda la creación gime a una, y a una está con dolores de parto (vea Romanos 8:22), aún desde Hollywood. El mundo está hambriento de respuestas sobrenaturales y está ansioso para una transformación repentina y profunda.

Un tsunami es un agente de cambios de imagen extremos, pues tiene un impacto dramático en el paisaje. La Revolución de Elías que se avecina, presentará dinámicas transformadoras tan poderosas como las de un tsunami, y afectará al mundo entero y también a la Iglesia.

Aunque hay algo en el corazón de las personas que las atrae hacia Dios, sus seguidores han hecho relaciones públicas tan malas en su nombre que para el mundo resulta difícil verlo. La iglesia aún está intentando soluciones humanistas a los problemas que enfrenta la sociedad y nuestros intentos no son mucho más exitosos que los de los no creyentes. La generación pasada está muriendo en la iglesia y la siguiente generación se niega a entrar a una iglesia muerta. Las personas interesadas en experimentar la presencia, el poder y la autenticidad reciben, en vez de eso, comida para bebé o entretenimiento. La iglesia tiene tanta necesidad de un cambio radical como lo tiene el mundo.

Las películas, la televisión, los videojuegos y todas las demás formas de entretenimiento están adentrándose cada vez más en el lado oscuro de aquello donde la iglesia ha fallado en manifestar la luz. Cuando el hambre de las personas por lo sobrenatural no es satisfecho en la iglesia, la única opción que queda es buscar imitaciones falsas de lo que es real. Ya que muchas ramas de la cristiandad no han aceptado los dones proféticos, las redes psíquicas están ganando miles de millones de dólares (hasta de los cristianos) ofreciendo una falsificación de lo que la iglesia debe estar manifestando en su legitimidad. Hemos tenido tanto miedo de predicar y mostrar un Dios para quien nada es imposible, que hemos abierto la puerta para que la industria del entretenimiento aplaque la sed de las personas por lo sobrenatural a través de películas y programas que muestran demonios, brujas y hechiceros. Por un lado, advertimos sobre los peligros de la serie de Harry Potter, mientras que por el otro negamos la validez de la profecía y la sanidad de hoy en día (aunque las señales y las maravillas no son negociables desde el punto de vista de las Escrituras), lo cual es extremadamente hipócrita.

En 1 Corintios 14, Pablo detalló de manera explícita la importancia de la profecía por encima de todo excepto el amor. Éste se debe valorar por encima de los demás dones (versículo 1), aún más que hablar en lenguas, un don por el que Pablo mismo abogó y ordenó a los líderes de la iglesia que no lo prohibieran (versículos 5 y 39). La afirmación más fuerte de Pablo sobre la profecía se encuentra en el versículo 30 donde nos instruye: "procurad profetizar", una palabra que no sólo significa el permiso para profetizar, sino que describe la profecía como un objetivo que debe ser perseguido con diligencia. La palabra griega que se tradujo como *procurad* es *zeloo* que significa "arder en fervor". No es suficiente estar abiertos a la profecía, no debemos esperarla pasivamente ni utilizarla como un aditivo emocionante para nuestra vida cristiana; más bien debemos arder en fervor por reconocer la voz de Dios en la tierra y hablar de ella en alto.

La profecía será un impulso de extrema importancia en la Revolución de Elías, pues restaurará la voz de Dios entre los asuntos de los hombres. El tsunami espiritual está llegando para obrar una labor de desambiguación (es decir, aclarar lo ambiguo) como la que hizo Elías al clamar a Israel diciendo:

> ¿Hasta cuándo claudicaréis vosotros entre dos pensamientos? Si Jehová es Dios, seguidle; y si Baal, id en pos de él.
>
> 1 Reyes 18:21

Después, pidió el fuego de Dios para convencer a Israel sobre quién es Dios, pues en realidad no estaban seguros. De la misma manera, el tsunami de la Revolución de Elías barrerá con el mundo y la iglesia y no dejará lugar a dudas sobre la identidad de Dios. La cuestión ya no será ¿existe Dios?, sino ¿qué haré al respecto?

El significado de revolución

Una revolución se define como:

1. Un cambio drástico y de gran alcance en el pensamiento y la conducta.
2. El derrocamiento de un sistema o gobierno y su reemplazo por otro.
3. Un cambio repentino y trascendental en una situación.

Los antónimos de esta palabra incluyen *estancamiento* y *status quo*. El tsunami la Revolución de Elías que se aproxima, erradicará el estancamiento y el *status quo*. Nada seguirá siendo lo mismo. Las tres definiciones del término *revolución* se harán evidentes: será un cambio repentino y trascendental, derrocará un sistema para reemplazarlo con otro y producirá un cambio drástico y de gran alcance en el pensamiento y la conducta. Será transformador en el sentido de que no vendrá para mejorar o actualizar ligeramente nuestra realidad actual, sino para remodelar y transformar *todo* lo que tiene que ver con nuestra manera de pensar y actuar.

¿Por qué una Revolución de Elías?

Es importante que contemos con una descripción y una definición sobre el tipo de revolución del que estamos tratando. La palabra *revolución* por sí misma no es un término muy satisfactorio, implica una lucha contra el estado actual de las cosas sin definir la naturaleza del reemplazo. La motivación de muchos revolucionarios ha sido el amor a la revolución misma, pero tal motivación sólo se une al espíritu de desorden que se extiende actualmente por toda la tierra, lo cual solamente agravaría los males subyacentes de la sociedad. Un movimiento revolucionario siempre llevará a un espíritu de rebelión, a menos que anuncie y presente un sistema válido de reemplazo. No podemos sencillamente estar *en contra* de algo, tenemos que saber *a favor* de qué estamos. Si no, nos encontraremos en una categoría similar a la de los movimientos guerrilleros de muchas naciones. Saben que están en contra de algo, pero rara vez pueden decir qué es lo que apoyan.

Ya podemos ver esta dinámica, una sed de cambio que obra en las iglesias de Estados Unidos. La gente ya no está contenta con el *status quo;* están cansados de ir a la iglesia como espectadores de una ceremonia aburrida y gris. La gente está dejando las denominaciones principales y las iglesias tradicionales en grandes cantidades, y no porque estén perdiendo interés en Dios, sino por lo contrario, están interesándose más en Él. El espíritu de la religión es tan persistente en las iglesias de las denominaciones principales que ha sofocado el mover del Espíritu Santo. No sólo la mayoría de las reuniones en las iglesias pueden funcionar perfectamente bien sin el Espíritu Santo, sino que en realidad no podrían funcionar si en verdad se moviera en su interior.

Es por ello que la doctrina de muchas iglesias y denominaciones está elaborada cuidadosamente para asegurar que el Espíritu Santo no pueda sorprenderlos con dones o manifestaciones inusuales. Se le invita ocasionalmente a una reunión, pero en verdad pocos esperan (o desean) que se presente. Siempre y cuando su presencia no sea notoria, se le da la bienvenida.

Esa clase de iglesia ya está muerta, aunque todavía no haya sido enterrada, pero la Revolución de Elías provocará que las iglesias que antiguamente estaban "muertas" exploten con el fuego de Dios mientras que quienes rechacen dicha Revolución, se marchitarán, morirán y desaparecerán. El tsunami resucitará a las iglesias o las enterrará.

Un moviento de iglesias en casa está barriendo los Estados Unidos con enorme rapidez, parte de él lleva el espíritu de la Revolución de Elías y otra parte solo carga un espíritu de rebelión e independencia. Sus reuniones son, en realidad, una declaración antiiglesia, y con ello han desestimado aun los mandatos bíblicos para una iglesia. Un espíritu de anarquía está unido a algunas expresiones de este movimiento y, como resultado, los miembros no tienen que escuchar ni someterse a nadie, no tienen que comprometerse a nada y hasta pueden quedarse con todo su dinero salvo dar una propina aquí o allá.

Conforme nos adentremos en el avance de la Revolución de Elías, tendremos que autoexaminarnos para ver cuál es nuestra verdadera motivación ¿Sencillamente estamos en contra de algo o también tenemos claro lo que apoyamos? Es muy importante que no sólo nos opongamos al sistema de las iglesias muertas, sino que también podamos entresacar lo precioso de lo vil y permitirnos edificar algo definible en nosotros. Dios no está en contra del liderazgo pastoral, sencillamente está en contra del liderazgo que no equipa a los santos para la obra del ministerio. Está en contra de los pastores "asalariados" que no aman a las ovejas (Juan 10:11-14). Aunque se opone a los pastores que manipulan a la gente para que ofrende, los verdaderos principios de dar siguen siendo válidos. La Revolución de Elías barrerá la iglesia y recuperará lo que sea bueno al mismo tiempo que limpiará lo contaminado.

¿Quién fue Elías?

Para poder adoptar la Revolución de Elías en su totalidad, debemos entender quién fue, lo que hizo y la manera en que su vida se aplica a nosotros en la actualidad.

Elías aparece por primera vez en 1 Reyes 17 como el profeta de Dios llamado a confrontar a Israel por su adoración de Baal. Su archienemiga era Jezabel, una profetisa de Baal que intentó matarlo una y otra vez. Elías pudo ir diezmando a los profetas de Baal hasta que finalmente ungio a Jehú, quien habría de destruir a Jezabel. Como su último acto, entregó el manto de la "doble porción" a Eliseo antes de ser llevado al cielo en un remolino. Queremos tratar las profecías de un próximo "Elías" y la aplicación que tendrán. La profecía más significativa proviene de Malaquías 4 después de la cual la Biblia guarda silencio por cuatrocientos años. Los últimos dos versículos del Nuevo Testamento nos dejan a la expectativa de una Revolución que antecederá el regreso del Señor:

> "He aquí, yo os envío el profeta Elías, antes que venga el día de Jehová, grande y terrible. Él hará volver el corazón de los padres hacia los hijos, y el corazón de los hijos hacia los padres, no sea que yo venga y hiera la tierra con maldición".
>
> MALAQUÍAS 4:5-6

Este pasaje establece que ocurrirá una revolución *antes* del regreso del Señor. Creo que será una revolución de misericordia pues su propósito será evitar un juicio catastrófico.

La clave para la restauración es que los corazones de los padres y de los hijos se vuelvan los unos a los otros, lo cual es una necesidad profunda en todos los niveles de la vida en la iglesia y en toda la sociedad. La falta de verdaderos padres ha creado vacíos devastadores, es una de las principales causas que contribuyen a la laxitud de la moral sexual y la homosexualidad, al igual que a muchas enfermedades y la disfunción social. La ausencia de verdaderos padres en la casa de Dios también ha llevado a varios problemas serios en el Cuerpo de Cristo, así que el último mensaje del Antiguo Testamento se refiere a algo que en la actualidad es una cuestión muy seria. Por ser lo último que se escribió en el Antiguo Testamento, la promesa de Elías fue tomada en serio por todos los escribas y fariseos. Hasta cuatrocientos años después, en la época de Jesús, era conocido por todos que "Elías" debía llegar antes que el Mesías, y, en la actualidad, los judíos ortodoxos aun colocan una silla para Elías en la Pascua (en caso de que regrese como lo profetizó Malaquías).

Los discípulos de Jesús le preguntaron al respecto en Mateo 17:10-13:

"¿Por qué, pues, dicen los escribas que es necesario que Elías venga primero? Respondiendo Jesús, les dijo: 'A la verdad, Elías viene primero, y restaurará todas las cosas. Mas os digo que Elías ya vino, y no le conocieron, sino que hicieron con él todo lo que quisieron; así también el Hijo del Hombre padecerá de ellos'. Entonces los discípulos comprendieron que les había hablado de Juan el Bautista".

MATEO 17:10-13

Jesús validó la expectativa judía de que Elías llegaría antes de que Él se presentara. También dejó establecido que Juan el Bautista vino en el espíritu de Elías (Lucas 1:17) y que vendría de nuevo en el futuro antes de su regreso. Jesús resumió la tarea de Elías como la restauración de todas las cosas a la cual también hizo referencia Pedro en un sermón en Hechos:

"Y él envíe a Jesucristo, que os fue antes anunciado; a quien de cierto es necesario que el cielo reciba hasta los tiempos de la restauración de todas las cosas, de que habló Dios por boca de sus santos profetas que han sido desde tiempo antiguo".

HECHOS 3:20-21

La palabra *restauración (apocatástasis* en el texto original en Griego) es muy poderosa, significa "restauración de la verdadera teocracia" y "restauración del propósito original". Desde luego, las implicaciones de este texto son enormes. Jesús será retenido en el cielo *hasta* la Revolución de Elías. Aunque Juan el Bautista preparó el camino para Jesús, la Revolución de Elías será el preparativo para su regreso. Sabemos que la Revolución de Juan el Bautista no llegó muy lejos, pues trajo arrepentimiento, pero no la restauración de todas las cosas. Sin embargo, su muerte y la de Jesús fueron las semillas para la restauración venidera, la cual antecederá al regreso de Jesús. Un plan y un diseño original de Dios triunfarán y será establecido como Señor de las naciones. La manera exacta en que sucederá lo anterior aun puede discutirse, pero conlleva la destrucción de Satanás en la tierra antes de que Jesús regrese por su Novia.

Hasta que...

"Dijo el Señor a mi Señor: 'Siéntate a mi derecha, hasta que ponga a tus enemigos por estrado de tus pies'."

MATEO 22:44

Este pasaje tiene el objetivo de dar forma a nuestra escatología, el "hasta que" nos da información esencial, al igual que Hechos 3, sobre el tiempo de Dios. En esencia, el Padre dice al Hijo: "Una vez que hayas adquirido redención para la humanidad, te sentarás a mi diestra hasta que ponga a tus enemigos por estrado de tus pies. Te mantendrás aquí como la Cabeza y tu cuerpo en la tierra aplastará a tus enemigos. La última generación será la del 'pie' y gobernará en la tierra sobre tus enemigos. Hasta que lo hagan, no regresarás a rescatar, raptar, salvar, ni nada así. Tu cuerpo, de hecho, no será una bella novia hasta que haya logrado aplastar a Satanás".

La restauración de todas las cosas y hacer de Satanás un estrado son la misma obra, una abre paso a la otra y ambas anteceden al regreso de Jesús. Sólo para asegurarse de que este pasaje no fuera pasado por alto, ¡el Espíritu Santo lo colocó en el texto de Salmos 110, Marcos 12:36, Lucas 20:43, Hebreos 1:13 y 10:13, así como en Mateo 22:44!

Elías será el primero en llegar y reedificar aquello que destruirá al espíritu de Baal y de Jezabel en la tierra. Tendremos que vencer al falso profeta y a la bestia y los aniquilaremos a ambos. Cuando hayan sido aplastados, acudiremos al Señor y diremos: "Los reinos del mundo han venido a ser de nuestro Señor y de su Cristo; y él reinará por los siglos de los siglos" (Apocalipsis 11:15). Presentaremos las naciones del mundo al Señor como posesiones suyas, serán la dote que el Padre nos dará para que se la presentemos al Novio. Enfermo de amor por su esposa, Jesús ya no podrá contenerse y atravesará las nubes para tomarnos, nuestro Príncipe Azul vendrá en un caballo blanco para llevarnos con Él (vea Apocalipsis 19:11). Pero no vendrá por una prostituta perezosa y malcriada, vendrá por una Novia vencedora, conquistadora y amorosa que se haya preparado cumpliendo su misión (vea Apocalipsis 19:7). La Revolución de Elías será el catalizador para todo lo anterior.

Siete manifestaciones de Elías

1. Profeta

La Revolución de Elías restaurará el ministerio profético y sus dones al lugar que les corresponde (vea 1 Corintios 14:1). Hechos 2:17 nos dice: "Y en los postreros días, dice Dios, Derramaré de mi Espíritu sobre toda carne, y vuestros hijos y vuestras hijas profetizarán; vuestros jóvenes verán visiones, y vuestros ancianos soñarán sueños. Y de cierto sobre mis siervos y sobre mis siervas en aquellos días derramaré de mi Espíritu, y profetizarán".

2. Intercesor

La Revolución de Elías se extenderá por toda la iglesia y dará importancia a la oración a tal punto que en verdad seremos llamados "casa de oración para todos los pueblos" (Isaías 56:7). Iremos más allá de la intercesión del "segundo cielo", donde somos sumamente conscientes de las fuerzas del mal y sus estrategias para pasar a la intercesión del "tercer cielo" donde iremos al cielo para pedir el consejo de Dios y hacer que sus decretos sucedan en la tierra trayendo así la voluntad de Dios a la tierra como en el cielo (Mateo 6:10).

3. Develador de Jezabel

Jezabel se manifiesta como un espíritu religioso, un espíritu de seducción o ambos. La Revolución eliminará por completo el velo del espíritu que permite que se oculte. Apocalipsis 2:20 nos dice "que se dice profetisa" y se oculta en la casa de Dios. Por el poder del Espíritu Santo, los revolucionarios de Elías la harán visible.

4. Diezmador de los profetas de Baal

Jezabel es sierva de Baal, el dios del aborto, la homosexualidad, el divorcio, la automutilación y las riquezas deshonestas (en Wall

Street, el mercado a la alza es llamado *bull market* [literalmente "mercado del toro"] a causa del becerro de Baal). La Revolución de Elías hará patente la superioridad de Dios sobre Baal en confrontaciones similares a la del Monte Carmel. El carnaval de Mardi Gras en Nueva Orleáns desciende de la adoración a Baal, y es por ello que esa región quedó expuesta a una gran devastación. Un año antes de que el huracán Katrina devastara a Nueva Orleáns y la costa del Golfo, escribí en mi boletín profético la advertencia de que como nación, tenemos un altar a Baal desde Mobile hasta Nueva Orleáns y que los siguientes huracanes lo diezmarían. Mencioné esa ciudad de manera específica junto con Biloxi. Es *necesario* confrontar a Baal y *debemos* derrotarlo, lo cual será un trabajo significativo de la Revolución de Elías.

5. Practicante de lo sobrenatural

Elías viene como antídoto del espíritu religioso, el que aparenta piedad, pero niega su eficacia (2 Timoteo 3:5). La religión tiene una apariencia espiritual pero sin sustancia ni poder. La Revolución de Elías anunciará un gran avivamiento de sanidad a donde sea que vaya y demostrará el poder de nuestro Dios. Los revolucionarios de Elías caminarán con un poder y una presencia del Señor sin precedentes. Con sus solas palabras, terminarán sequías, plagas y climas adversos. Las experiencias sobrenaturales serán su "pan" y demostrarán la verdad de que "mayor es el que está en vosotros, que el que está en el mundo" (1 Juan 4:4). Realizarán las grandes obras que Jesús nos prometió (Juan 14:12). Nuestra Tierra Prometida es caminar sobre el agua, caminar a través de edificios, ser transportados sobrenaturalmente, levantar a los muertos, alimentar a miles con muy poco, sanar paralíticos, echar fuera demonios, convertir el agua en vino, encontrar dinero en la boca de un pez... *¡y más!*

6. Destructor de la ambigüedad

El tsunami de la Revolución de Elías se extenderá y confrontará a quienes claudican entre dos pensamientos (1 Reyes 18:21). Dios se hará evidente de una manera tan poderosa que permitirá que muchos de quienes han claudicado en un pensamiento ambiguo, se centren en el que es (y *quien* es) la Verdad. Aun veremos manifestaciones físicas del Dios que responde con fuego (1 Reyes 18:24) y habrá una explosión de testimonios como los descritos en 1 Reyes 18:39: "Viéndolo todo el pueblo, se postraron y dijeron: ¡Jehová es el Dios, Jehová es el Dios!". Habían claudicado entre dos opiniones hasta que vieron la demostración de Elías.

7. Quien unge la doble porción

Elías no sólo obró prodigios en su generación, sino que desencadenó cosas mayores para la siguiente. Su sucesor, Eliseo, recibió una doble porción de su espíritu, de hecho, desempeñó exactamente el doble de los milagros que se registra que hizo Elías. De la misma manera, nuestro techo será el piso de nuestros hijos, ellos deberán comenzar a edificar donde nosotros nos quedemos, especialmente en unción profética y en la unción para restaurar todas las cosas. Cada nación tiene un destino de redención y el Señor nos llama a que le pidamos las naciones como herencia (Salmos 2:8). La generación que se producirá de la Revolución de Elías tendrá una fe sin precedentes para profetizar hacia las naciones, para ellas y sobre ellas, y verán como poco el que una nación pueda ser tomada en un sólo día. Fue Elías quien finalmente ungió a Jehú como Rey, quien a su vez, finalmente, destruyó a Jezabel. La restauración adecuada y oportuna del ministerio apostólico es la llave que finalmente dará a Jezabel el golpe mortal. En la actualidad, tenemos muchas manifestaciones prematuras e inmaduras de apóstoles, ya que en lo profético aún no se ha establecido por completo. Jehú representa el papel apostólico y hasta que Jehú no esté en su lugar, Jezabel podrá obrar con cierta impunidad. La remoción final de Jezabel de los lugares altos será llevada a cabo por los verdaderos apóstoles. La Revolución de Elías preparará el camino para que esto suceda.

¿De verdad podría venir Elías?

Es razonable especular que será posible ver a Elías regresar literalmente en algún momento. ¿Por qué? Primero, porque la escritura dice literalmente que vendrá antes del regreso del Señor y no se molesta en especificar si será "en el espíritu de Elías" como Juan el Bautista o como Elías mismo. Segundo, Hebreos 9:27 dice: "Y de la manera que está establecido para los hombres que mueran una sola vez, y después de esto el juicio". Elías aún tiene que morir puesto que fue llevado al cielo en un remolino. Si está establecido que muera, tanto él como Enoc (y posiblemente Moisés, dependiendo de lo que haya en verdad pasado con su cuerpo desaparecido) podrían ser enviados de vuelta a la tierra. Dos de esos tres podrían ser los testigos a los que hace referencia Apocalipsis 11:3. Según dice este texto, los dos tienen el poder de liberar fuego de su boca, evitar que la lluvia caiga, convertir el agua en sangre y herir la tierra con plagas, descripciones que concuerdan perfectamente con los ministerios de Moisés y de Elías.

Esa podría ser la razón por la cual esos hombres aparecieron con Jesús en la transfiguración. Los comentarios de Pedro son interesantes: "Señor, bueno es para nosotros que estemos aquí; si quieres, hagamos aquí tres enramadas: una para ti, otra para Moisés, y otra para Elías" (Mateo 17:4). Para Pedro, Moisés y Elías se encontraban en un estado natural al igual que Jesús. Aparentemente, creyó que habían vuelto para vivir el resto de su vida. Hasta donde sabemos, Moisés y Elías podrían ser visitantes regulares de la tierra, pues no conocemos qué restricciones podrían o no tener (una aparición temprana de los dos testigos de Apocalipsis que causarían una gran tensión entre los habitantes de la tierra). Si ese fuera el caso, Enoc quedaría como una especie de "comodín" que podría sorprendernos agradablemente en muchas maneras. La forma en que termine la historia tendrá más giros emocionantes y será mucho más espectacular que la mejor película que Hollywood haya producido jamás.

Que Elías físicamente regrese o no, es una cuestión especulativa, pues las Escrituras no son claras con respecto a ello. Pero quizá sería una buena idea mantener los ojos bien abiertos. Ya que nunca probó la muerte, tiene un pasaporte doble entre el cielo y la tierra. Sea como sea, la Revolución de Elías sucederá. Con o sin él, un movimiento en el Cuerpo de Cristo obrará en el espíritu de Elías *antes* de que el Señor regrese.

IMPULSADOS A LA TIERRA PROMETIDA

EL TSUNAMI DE LA Revolución de Elías nos impulsará hacia las naciones y que es nuestra Tierra Prometida. Un paralelo en el libro de Josué sirve para ayudarnos a comprender aún más lo que sucederá. Conforme avancemos, veremos que es más que inspirador. Además, es importante desde el punto de vista estratégico. Josué 3 describe al pueblo de Israel al cruzar el Río Jordán:

"Josué se levantó de mañana, y él y todos los hijos de Israel partieron de Sitim y vinieron hasta el Jordán, y reposaron allí antes de pasarlo. Y después de tres días, los oficiales recorrieron el campamento, y mandaron al pueblo, diciendo: Cuando veáis el arca del pacto de Jehová vuestro Dios, y los levitas sacerdotes que la llevan, vosotros saldréis de vuestro lugar y marcharéis en pos de ella, a fin de que sepáis el camino por donde habéis de ir; por cuanto vosotros no habéis pasado antes de ahora por este camino. Pero entre vosotros y ella haya distancia como de dos mil codos; no os acercaréis a ella".

JOSUÉ 3:1-4

No hemos pasado por este camino

El tsunami que se aproxima nos proyectará a un lugar que nunca hemos visto antes. Israel vivió en la esclavitud en Egipto por cuatrocientos años y pasó cuarenta años en el desierto. El único lugar en el que aún no habían estado fue su destino final: la Tierra Prometida. Todo sería diferente en aquel lugar y verían y experimentarían cosas que nunca antes habían visto o experimentado; por ello, se les mandó estar listos para lo inesperado: "No habéis pasado antes de ahora por este camino".

Desde luego, este es un mensaje importante para nosotros, entrar en la Revolución de Elías nos llevará a dimensiones que *nunca* hemos visto. Esto significa que no seremos capaces de decir cosas como: "Claro, esto es como la Reforma Protestante", "No, es como el Gran Despertar en tiempos de Jonathan Edwards", o "Esto es como el Avivamiento Welsh o el de Azusa Street, el movimiento de sanidad en los cuarenta y cincuenta o como el movimiento de Jesús en los sesenta". No habrá nada con qué compararlo porque Dios no está tratando de revivir la historia. Las dimensiones de esta Revolución serán muy diferentes al pasado.

El pueblo de Israel estaba acostumbrado a andar en círculos por el desierto y a recordar cada lugar en el que ya había estado antes. Cada experiencia era un tanto como *deja vu*. Sin embargo, ahora se les decía que se abrocharan los cinturones, "por cuanto vosotros no habéis pasado antes de ahora por este camino".

¿Codos o años?

Se ordenó a Israel que siguiera el arca del pacto, el recipiente de la presencia de Dios, a dos mil codos de distancia. Israel no se atrevía a entrar en la tierra sin que entrara antes la presencia divina. Dos mil codos es una medida profética que nos deja entender el tiempo específico para nuestro paso.

Jesucristo se convertiría en el cumplimiento profético del arca (el asiento de la presencia de Dios) pues era Dios encarnado y en Él habitaba la plenitud de la deidad (vea Colosenses 2:9). Es interesante que vivimos alrededor de dos mil años después de la aparición de Jesús en la tierra, lo cual proféticamente parece darnos una pista del tiempo profético de nuestra entrada revolucionaria hacia la Tierra Prometida.

Oseas 6:2 también apoya esta posibilidad: "Nos dará vida después de dos días; en el tercer día nos resucitará, y viviremos delante de Él". En 2 Pedro 43:8, se nos dice que para el Señor mil años son como un día, y usando esta lógica "después de dos días" se traduce a "después de dos mil años", que será cuando nos resucitará.

Nuestra generación es el tiempo marcado para entrar al avivamiento de la Revolución de Elías. Entraremos en dimensiones en las que nunca habíamos entrado porque nos revivirá y levantará. La palabra hebrea para *revivir* es *chayah*, que significa "vivir en prosperidad, restaurar, recuperarse de la enfermedad, el desánimo, la debilidad y la muerte". A diferencia de lo que muchos creen, estas bendiciones son algo que podemos esperar aquí mismo, en la tierra, ¡ahora!

La razón por la cual nos está reviviendo no es para raptarnos antes de que el enemigo acabe con nosotros, sino para que nos levantemos. La palabra hebrea *quwm* significa "levantarse y volverse poderoso, cumplir, levantarse e imponer". Antes que nos rapte o nos lleve, nos hará poderosos. Antes de venir en las nubes por nosotros, cumpliremos nuestra misión y nuestra labor, la cual es establecer los deseos del cielo en la tierra. Cumpliremos la oración profética de Jesús en Mateo 6:10: que la voluntad de Dios se haga en la tierra como en el cielo; en otras palabras, que se establecerá una realidad celestial antes de que regrese.

Estamos muy familiarizados con el futuro reino de nuestro Rey, pero Él también tiene un reino presente y cada vez mayor. Isaías 9:7 nos dice que "lo dilatado de su imperio y la paz no tendrán límite", su reinado siempre aumentará (aquí en la tierra) conforme nos levantemos e impongamos la voluntad de Dios. Las víctimas de nuestra "imposición" no serán las personas, pues se beneficiarán en gran manera. Las víctimas serán los principados y potestades demoníacos. Todo lo demás se dará por sí mismo al cumplir esta labor.

La Tierra Prometida son las naciones

Israel no contaba con tierras, tampoco poseía ciudades o naciones mientras vagó en el desierto durante cuarenta años. Se centraban en sobrevivir y defenderse, y el potencial de sus mentes y espíritus estuvo limitado por cuatrocientos años de servidumbre en Egipto. Llevaban incrustada en el espíritu una pobreza, producto de una historia en la que sólo trataban de sobrevivir. Aunque Dios tuvo la capacidad sobrenatural de sacarlos de Egipto en un sólo día, le tomó cuarenta años sacar a Egipto de ellos; de hecho, sólo dos, Josué y Caleb, llegaron de Egipto a la Tierra Prometida. Todos los demás incrédulos murieron en el camino. Una vez que cruzaron el Mar Rojo, la Tierra Prometida pudo haber sido suya en cuestión de días desde el punto de vista geográfico. No obstante, tomó cuarenta años antes de que el pueblo de Israel finalmente cruzara el Jordán y comenzara a tomar las naciones que le fueron prometidas.

Es importante que comprendamos que desplazar a estas naciones fue la promesa original que Dios dio a Moisés en la zarza ardiente de que se habla en Éxodo 3.

"Dijo luego Jehová: Bien he visto la aflicción de mi pueblo que está en Egipto, y he oído su clamor a causa de sus exactores; pues he conocido sus angustias, y he descendido para librarlos de mano de los egipcios, y sacarlos de aquella tierra a una tierra buena y ancha, a tierra que fluye leche y miel, a los lugares del cananeo, del heteo, del amorreo, del ferezeo, del heveo y del jebuseo."

Éxodo 3:7-8

A Israel nunca se le prometió el desierto

Este punto es de extrema importancia para nosotros en la actualidad. El desierto *nunca* le fue prometido a Israel. Nosotros también hemos vivido una experiencia de desierto espiritual durante los últimos dos mil años, pero esa nunca fue la intención original de Dios. Su propósito está estipulado en Éxodo 3 que, parafraseado, dice: "He visto la aflicción y la opresión de mi pueblo y no me gusta, no soy un Dios sádico, mi corazón busca bendecir a quienes son míos con tanto como puedan recibir sin destruirse. Tengo una tierra buena y amplia para ellos, una tierra donde fluye leche y miel; tengo abundancia y favor ilimitados para ellos y está en mi corazón dárselos".

La parte complicada de la promesa es que añadió algo más: el lugar de la promesa estaba dominado por los cananeos, los heteos y muchos otros "eos". Más adelante, hablaremos de ellos, pero el trato inicial se estableció en la zarza ardiente: Toma la Tierra Prometida de las naciones que la habitan y ¡vaya que tengo bendiciones incomparables para ustedes ahí!

El maná nunca fue el plan original de Dios

De la misma manera en que el desierto mismo nunca fue parte del destino prometido a Israel, el maná tampoco era parte del propósito final de Dios. Aunque cantamos sobre el maná y romancemos el milagro del pan que caía del cielo, es importante recordar que Dios siempre había prometido algo mejor. Nunca le dijo a Moisés o al pueblo de Israel: "Les brindaré maná del cielo cada mañana". No; más bien, les prometió leche y miel. Es por ello que el maná dejó de caer el día en el que comieron por primera vez del fruto de la tierra (vea Josué 4:12). El maná era una sustancia como obleas con un ligero sabor a miel, pero la promesa era una tierra donde *fluía* la miel, así que el maná sólo era una muestra de lo que estaría disponible sin medida si perseveraban; sencillamente estaba cebando su apetito por lo que en realidad quería darles. Las raciones de emergencia no hubieran sido necesarias de no haber sido por la incredulidad obstinada de Israel. En su bondad, Dios nos da, aun cuando vivimos por debajo de su llamado para nuestra vida.

Hasta este momento de la historia, tenemos testimonios estilo desierto en los que se habla de la manera en que Dios intervino en el último momento y proveyó para cubrir una necesidad básica como: "Estaban a punto de echarme de mi casa, pero de la nada alguien nos envió un cheque", por ejemplo, o: "Estaban a punto de cortarme el servicio telefónico y el Señor nos ayudó". Testimonios de este tipo, en verdad, atestiguan la bondad de Dios y es importante que sean contadas, pero aún están por debajo de lo que Dios tenía en mente para nosotros.

A diferencia de un testimonio estilo desierto, uno de la Tierra Prometida sería: "Nuestra hija de doce años fue al hospital local e impuso manos en el edificio, y, de pronto, uno a uno salieron todos los enfermos, ¡completamente sanos!". Es la misma gracia y poder, pero en una medida extremadamente alta, es decir, mayor gracia y mayor poder a los cuales se tiene acceso con una mayor fe. Este tipo de testimonio del poder de Dios es lo que comenzará a revelar la Revolución de Elías.

El agua de la peña nunca fue el plan original de Dios

Como en el caso del maná, nos encanta cantar e inspirarnos con el agua que brotó de la peña, pero de igual manera, esa bendición tampoco le fue prometida al pueblo de Israel. Si el pueblo de Dios hubiera sido obediente a sus intenciones, nunca habría habido necesidad del agua de la peña, pues fue un milagro de emergencia que no tenía porqué haber sido necesario:

"Porque Jehová tu Dios te introduce en la buena tierra, tierra de arroyos, de aguas, de fuentes y de manantiales, que brotan en vegas y montes".

DEUTERONOMIO 8:7

"La tierra a la cual pasáis para tomarla es tierra de montes y de vegas, que bebe las aguas de la lluvia del cielo."

DEUTERONOMIO 11:11

Todo el tiempo, Dios le habló a su pueblo de una tierra en la que no había sequía, una tierra de donde fluía abundantemente todo tipo de agua: había arroyos y fuentes y manantiales y, como si no fuera suficiente, había suficiente lluvia del cielo; en verdad era una tierra como ninguna por la que hubieran pasado antes.

Dios nos brinda avivamientos de emergencia para saciar nuestra sed, nos da agua en el desierto para evitar que la iglesia carezca de sentido; pero en la Tierra Prometida, la atmósfera de avivamiento es constante y es siempre mayor. En esos últimos días, será que derrame su Espíritu sin medida.

En el contexto anterior, considere lo revelador (y trágico, irónicamente) del precio que pagó Moisés por su pecado: su entrada en la Tierra Prometida. Pecó a causa de su frustración con Israel en el lugar del milagro de la peña. En cada ocasión que ocurría alguna provisión de emergencia, había un recordatorio de que Israel era un pueblo duro e incrédulo que no era lo que debía ser. Necesitaban una Revolución de Elías para entender su llamado y su destino, y es lo mismo para nosotros.

SIETE NACIONES MAYORES Y MÁS PODEROSAS

"Cuando Jehová tu Dios te haya introducido en la tierra en la cual entrarás para tomarla, y haya echado de delante de ti a muchas naciones, al heteo, al gergeseo, al amorreo, al cananeo, al ferezeo, al heveo y al jebuseo, *siete naciones mayores y más poderosas que tú.*"

Deuteronomio 7:1, énfasis del autor

D los les había estado hablando continuamente a Moisés y a Israel sobre la Tierra Prometida que tenía preparada para ellos. En Deuteronomio 7, les dijo un pequeño secreto. Las naciones que les mandaba derrotar eran "mayores y más poderosas" que ellos. En esencia, les estaba diciendo: "Tengo un lugar de bendiciones increíbles para ustedes, una tierra grande y buena, una tierra donde fluye leche y miel, pero es imposible que derroten a los enemigos que ahí habitan; son mayores y más grandes que ustedes".

Vaya, es como un balde de agua fría ¿no cree? A Israel se le había prometido vida abundante en todos los niveles, pero la promesa llegaría superando un obstáculo aparentemente infranqueable; para nosotros, esta promesa se traduce en vida abundante para cuerpo, alma y espíritu, abundancia en los frutos del Espíritu Santo. Es un fenómeno en el que es necesario levantarse y resplandecer (Isaías 60:1) en medio de la gran oscuridad de las naciones. Hay abundancia de provisión y no para presumir nuestros Rolex o Jaguares, sino para financiar una cosecha masiva final. La abundancia está en el poder y la presencia de Dios. Cuando las plagas hagan estragos en el mundo, Él estará muy presente en medio de nosotros como el Señor que nos sana. Esto es lo que nos espera al ser impulsados en este tsunami que representa la Revolución de Elías. Conforme apuntemos sobre ciudades y naciones (recuerde su invitación en Salmos 2:8: "Pídeme, y te daré por herencia las naciones"), Él promete derramar lo que hemos estado tratando de obtener en el desierto. Es por lo anterior que el evangelio de la prosperidad fuera del contexto de tomar las naciones está tan errado. Es una necedad comparable a que Israel esperara leche y miel en el desierto, un lugar donde la promesa de abundancia no es coherente. El poder que Él liberará, tendrá un límite si nuestro objetivo es sencillamente hacer más tolerable el desierto. Las grandes obras que Jesús prometió, la gran provisión y el gran gozo y paz vendrán conforme aceptemos la misión imposible de tomar las naciones. Esta es la diferencia entre el Evangelio del Reino y el Evangelio de la salvación: Él no sólo quiere almas, viene a hacer valer su dominio sobre toda la creación.

El Evangelio del Reino frente al Evangelio de la salvación

Todo el cruce del Jordán puede verse como símbolo de otro tipo de paso: cruzar el límite entre el entendimiento del Evangelio de la salvación a la comprensión del Evangelio del Reino.

En la experiencia, el mensaje de la salvación equivale al cruce del Mar Rojo para salir de Egipto. El Mar Rojo habla proféticamente de la sangre de Cristo que nos abre el camino para ser salvos de la carne y el diablo. A través de la sangre de Jesús, se rompe la esclavitud de Egipto, y, cuando estamos en Cristo, somos libres de quienes nos oprimían. Si estamos en Cristo, el enemigo (Faraón y sus hombres) no tienen acceso a nosotros y serán destruidos si nos persiguen, lo cual constituye la maravillosa verdad de la obra de redención que Cristo hizo en la cruz y el mensaje de la aceptación de Jesucristo como Salvador. Cuando llevamos ese único mensaje al mundo, tendemos a concentrarnos sólo en "almas, almas y almas", pero cruzar el Mar Rojo por sí mismo no nos llevará a la Tierra Prometida.

El Evangelio del Reino incluye al Evangelio de la salvación, pero va mucho más allá. Cruzar el Jordán representa una segunda aplicación de la cruz. Es una revelación más amplia de lo que logró la muerte de Jesús, pues no es sólo nuestro Salvador, también es Señor; no sólo pago el precio por toda alma que haya vivido, sino que también pagó el precio de la redención de todo lo creado. Él no considera que su creación sea desechable, pues ella también clama por salvación (vea Romanos 8:22). Al hablar de lo que el Señor creó, las Escrituras dicen que "vio Dios que era bueno" (Génesis 1:10). Debemos establecer una teología adecuada de la tierra, si no, jamás seremos capaces de ajustar nuestra manera de pensar para comprender el Evangelio del Reino. Considere lo que la Biblia dice sobre la tierra:

Génesis 1:1 – Dios es el creador de la tierra.

Génesis 1:19 – Dios ve que lo que ha creado es bueno.

Génesis 1:26 – La Trinidad "conversa" y le da al hombre dominio sobre todo.

Génesis 1:28 – Dios instruye al hombre a sojuzgar la tierra y señorear sobre todo lo viviente.

Génesis 6:13 – A causa de la violencia del hombre, el Señor dice que "destruirá" la tierra (esa palabra es importante porque posteriormente muchos malinterpretan *destruir* por *eliminar*, cuando en realidad la palabra significa "dañar, estropear, herir". Como podemos ver en el relato de Noé, fue un juicio y no una eliminación del mundo).

Números 14:21– El Señor dice a Moisés que no sólo existe en verdad la Tierra Prometida, una dimensión diferente de la vida, sino que tan cierto como que el Señor vive, su gloria llenará toda la tierra.

Josué 3:13 – Cuando están a punto de cruzar a la Tierra Prometida, Josué dice al pueblo que Dios es "Señor de toda la tierra".

1 Samuel 2:8 – Dice que "de Jehová son las columnas de la tierra".

Salmos 21:10 – El Señor dice que destruirá a los malvados de la tierra.

Salmos 24:1 – "De Jehová es la tierra y su plenitud; el mundo, *y* los que en él habitan" (el énfasis es del autor). Él extiende su dominio sobre todo lo que creó, *incluyendo* a las personas.

Salmo 37:9 – "Los malignos serán destruidos, pero los que esperan en Jehová, ellos heredarán la tierra".

Salmo 37:11 – "Los mansos heredarán la tierra".
Salmo 37:22 – "Porque los benditos de él heredarán la tierra; y los malditos de él serán destruidos".

La anterior no es una lista exhaustiva de todo lo que dicen las Escrituras sobre Dios y la tierra, pero es suficiente para establecer una teología adecuada sobre el tema. Dios creó la tierra y su gente, lo cual en su conjunto constituye su creación. Él vio todo lo que creó y le gustó, llamándolo "bueno". Los cielos son del Señor, la tierra es del Señor al igual que su gente y *Él no está dispuesto a perder nada*. El hecho de que Dios valora la tierra es claro, pues es la herencia que desea dar a quienes le agradan, y no la considera un nido desechable en el que colocó al hombre. El que el hombre haya sido formado con polvo, hace una conexión irrevocable entre la humanidad y la tierra; la herencia a largo plazo de la misma es un objetivo que debe desearse. Si los mansos y los justos heredarán la tierra, no puede ser una herencia temporal que dure hasta que Dios la queme. La única destrucción que llegará a la tierra es una de destrucción para limpiar y no para eliminar. Dios no nos ofrece algo como herencia para después quitarlo.

Dios está tan comprometido con la tierra que le asegura a Moisés que tan ciertamente como Él vive, su gloria llenará toda la tierra (Números 14:21). Los humanos son la niña de sus ojos, pero Él ama y atesora *todo* lo que creó. Alguna dimensión de restauración vendrá para todo lo que hizo. Dios es un ambientalista, no coloca su amor por la tierra encima del amor que tiene por quienes hizo a su imagen, pero es importante para Él. Podríamos experimentar una mala reacción de los demás sobre este tema si sostenemos el concepto erróneo de que la tierra es desechable. La política del rapto ha condicionado a la iglesia a no preocuparse por el resto de la creación. La Revolución de Elías cambiará esto.

"Porque también la creación misma será libertada de la esclavitud de corrupción, a la libertad gloriosa de los hijos de Dios".

ROMANOS 8:21

¿Por qué a Dios le preocuparía algo que no tiene alma? Porque el resto de su creación aún lleva suficiente de su ADN para clamar por libertad y redención. Cuando Él habla, los montes y los árboles le responden, cuando Él llama, los océanos y los mares reaccionan. En los días de Sodoma y Gomorra, la tierra misma elevó su clamor al Señor por el pecado de la ciudad. Debemos crecer en nuestro entendimiento de la relación de Dios con *toda* su creación.

La gran comisión

"Por tanto, id, y haced discípulos a todas las naciones, bautizándolos en el nombre del Padre, y del Hijo, y del Espíritu Santo."

MATEO 28:19

Con una teología adecuada de la tierra, podremos comenzar a comprender mejor nuestra comisión, podremos desarrollar una teología apropiada para las naciones y las dos áreas nos darán una base para comprender el Evangelio del Reino.

La gran comisión era "hacer discípulos a todas las naciones" y no sencillamente "hacer discípulos a todas las almas". A Dios le interesan las *naciones*, una palabra que se menciona más de trescientas veces en las Escrituras. La mayor parte de los profetas del Antiguo Testamento profetizaron a naciones o a ciudades y sus bendiciones o maldiciones fueron dadas en estos dos niveles. Las naciones mismas poseen un destino y una identidad a los ojos del Señor. Él ama a las naciones y a las ciudades.

Más que saber *por qué* se preocupa tanto por la tierra y por las naciones, es importante saber tan sólo que en verdad le interesan. Jesús dejó claro por quién vino primero: "No soy enviado sino a las ovejas perdidas de la casa de Israel" (Mateo 15:24), es decir, por una nación. Cuando lloró en Lucas 13:34, su lamento fue por "Jerusalén, Jerusalén", una ciudad. Hageo 2:7 lo llama "el Deseado de todas las naciones". Ya sea que lo comprendamos o no, su celo es por las naciones enteras, por tenerlas bajo su Reino. Éste es el Evangelio del Reino.

La Biblia está llena de referencias acerca del deseo de Dios para las naciones de la tierra. A continuación, tenemos unos cuantos que nos ayudarán a comenzar a desarrollar una teología adecuada acerca de las naciones:

Génesis 18:18 – "Habiendo de ser Abraham una nación grande y fuerte, y habiendo de ser benditas en él todas las naciones de la tierra".

Salmos 2:8 – "Pídeme, y te daré por herencia las naciones, y como posesión tuya los confines de la tierra".

Salmos 22:28 – "Porque de Jehová es el reino, y él regirá las naciones".

Salmos 47:3 – "El someterá a los pueblos debajo de nosotros, y a las naciones debajo de nuestros pies".

Jeremías 1:10 – "Mira que te he puesto en este día sobre naciones y sobre reinos, para arrancar y para destruir, para arruinar y para derribar, para edificar y para plantar".

Hebreos 11:33 – Dice de los héroes de la fe: "que por fe conquistaron reinos, hicieron justicia, alcanzaron promesas, taparon bocas de leones".

Apocalipsis 2:26 – "Al que venciere y guardare mis obras hasta el fin, yo le daré autoridad sobre las naciones".

La búsqueda incesante de Dios por las naciones culmina en Apocalipsis 11:15:

"El séptimo ángel tocó la trompeta, y hubo grandes voces en el cielo, que decían: Los reinos del mundo han venido a ser de nuestro Señor y de su Cristo; y él reinará por los siglos de los siglos".

El último capítulo de la Biblia, Apocalipsis 22, revela el árbol de la vida en el cielo:

"Y las hojas del árbol eran para la sanidad de las naciones".

ApocalIPSIS 22:2

En esto, se centraba Jesús cuando habló del final de los días:

"Y serán reunidas delante de él todas las naciones; y apartará los unos de los otros, como aparta el pastor las ovejas de los cabritos. Y pondrá las ovejas a su derecha, y los cabritos a su izquierda".

Mateo 25:32-33

Sin importar cuándo sea este período de tiempo, es claro que está ocurriendo una división o separación que es, por demás, interesante. Las naciones enteras se determinan entre la bendición y la maldición. Quizás usted se pregunte: ¿quiere decir que yo podría ser juzgado de acuerdo con las obras de mi nación y no solo por lo que yo esté haciendo? La respuesta es *sí*. Permítame poner esto en claro: su entrada al cielo es muy personal y sólo se determina mediante su confesión personal de fe en Jesús y en su sangre en la cruz. Sin embargo, usted tendrá parte de una bendición o maldición futura que se relaciona con la dirección en la que vaya su nación. Esto está diseñado para que usted viva en el Evangelio del Reino más que en el Evangelio de la salvación. Nos ha dado autoridad sobre las naciones así que hay un gran precio que pagar si no ejercemos dicha autoridad. La Revolución de Elías nos despertará a una forma de pensar orientada al Reino.

La historia no terminará hasta que se haya cumplido Mateo 24:14: "Y será predicado este evangelio del reino en todo el mundo, para testimonio a todas las naciones; y entonces vendrá el fin". Todas las naciones tendrán que escuchar y ver (para testimonio) el Evangelio del Reino antes del regreso de Jesús. El evangelio de rescatar almas no será suficiente, pues es el Evangelio del Reino el que tendrá que ser evidenciado. Eso significa que el mensaje de su señorío sobre todas las cosas, tendrá que ser seguido por una manifestación de su señorío sobre todo. Deberá haber por lo menos una "nación oveja" antes de que llame a todas las naciones a juicio. Los hijos e hijas del Reino de por lo menos una nación entrarán en la Tierra Prometida desalojando naciones "mayores y más poderosas" que ellos. Que muchas, muchas naciones sean ganadas por los hijos del Rey.

Los siete montes

Volvamos al texto con el que abrimos este capítulo, Deuteronomio 7, donde el Señor comienza a hablar de nuevo a Moisés sobre la Tierra Prometida. Es la pasión del corazón del Señor por su gente. Él no los quiere en el desierto, no quiere darles raciones de emergencia (maná), no quiere refrescarlos con agua de emergencia de una peña, tiene *mucho* más para ellos. Constantemente, habla a Moisés sobre esta tierra buena y amplia que tiene para su pueblo, siempre ha sido la intención original del corazón de Dios bendecirlos con un lugar así.

No obstante, en el versículo 1, finalmente deja claro el hecho de que las naciones que debían gobernar y conquistar son siete naciones mayores y más poderosas que ellos. Tenía que revelarles esto antes de que vieran a sus enemigos para estar preparados y Él le dice a Israel:

"Si dijeres en tu corazón: Estas naciones son mucho más numerosas que yo; ¿cómo las podré exterminar? No tengas temor de ellas; acuérdate bien de lo que hizo Jehová tu Dios con Faraón y con todo Egipto; de las grandes pruebas que vieron tus ojos, y de las señales y milagros, y de la mano poderosa y el brazo extendido con que Jehová tu Dios te sacó; así hará Jehová tu Dios con todos los pueblos de cuya presencia tú temieres. También enviará Jehová tu Dios avispas sobre ellos, hasta que perezcan los que quedaren y los que se hubieren escondido de delante de ti. No desmayes delante de ellos, porque Jehová tu Dios está en medio de ti, Dios grande y temible. Y Jehová tu Dios echará a estas naciones de delante de ti poco a poco; no podrás acabar con ellas en seguida, para que las fieras del campo no se aumenten contra ti. Mas Jehová tu Dios las entregará delante de ti, y él las quebrantará con grande destrozo, hasta que sean destruidas".

DEUTERONOMIO 7:17-23

Lo que el Señor decía, en esencia, era que es fácil edificar una teología de la Gran Comisión basada en la duda y la incredulidad. Es más cómodo aceptar los caminos del desierto, en otras palabras, desear volver a un evangelio orientado sólo a la salvación, el cual afirme que una vez conseguido el pase al cielo, todo está ganado y que sólo resta esperar a que nos lleve después de la muerte o en el rapto, lo que sea primero. Dios le advirtió a su pueblo que no se aterrorizaran con la misión que tenían enfrente, porque seguramente la cumplirían si se comprometían con ella. Le aseguró la victoria y prometió llevar a cabo lo que fuera necesario con el mismo poder con el que derrotó a Faraón y los sacó de Egipto. Sencillamente, tenían que estar convencidos de que Dios les había prometido un mejor lugar.

La toma de la Tierra Prometida debe aplicarse proféticamente a nuestra generación, es un evento futuro que podemos esperar ver. ¿Cómo lo sabemos? Porque así es como Isaías lo describe:

"Acontecerá en lo postrero de los tiempos, que será confirmado el monte de la casa de Jehová como cabeza de los montes, y será exaltado sobre los collados, y correrán a él todas las naciones. Y vendrán muchos pueblos, y dirán: Venid, y subamos al monte de Jehová [...] nos enseñará sus caminos, y caminaremos por sus sendas".

Isaías 2:2-3

El pasaje habla de un día venidero en el cual cruzaremos el Jordán como un tsunami de la Revolución de Elías, un día en el que el monte de poder y autoridad del Señor se establecerá sobre todos los demás montes y colinas. Esos últimos días, se describen en términos de algo que nunca ha sucedido, como lo dice Josué 3:4, un camino por el que no hemos pasado. El tiempo es de aproximadamente dos mil años después de que Jesús apareció en la tierra. En este tiempo, Dios exaltará a quienes estén dispuestos a creer en Él para llevar a cabo lo imposible, y las naciones acudirán al Reino de Dios diciendo "enséñennos sus caminos".

Los sistemas del mundo están colapsando uno por uno y seguirán haciéndolo; sus montes están cayendo, lo cual los prepara para buscar el único monte de esperanza. Dicha esperanza no es simplemente personal, no es una búsqueda individual (es decir, el evangelio de la salvación), sino una esperanza profunda de que aún naciones enteras podrán entrar bajo el dominio y la gloria de Dios.

La revelación de los siete montes

Hace dos años, comencé a hablar en varios países sobre el "cruce" de Josué 3 e Isaías 2. He compartido que los montes son las columnas estructurales de nuestras sociedades y que el plan del Señor es levantar a su pueblo para que tome cada estructura social, económica y política de nuestras naciones. He mencionado cómo la historia misma demuestra que no se toma una nación entera únicamente por medio de un avivamiento. He estado explicando que el evangelio de salvación nunca ha sido lo suficientemente extenso como para ver naciones enteras ser llevadas ante el Señor. Y que debemos comenzar a cambiar la manera en que pensamos para que el Señor pueda comenzar a levantarnos a lugares de influencia donde en verdad podamos ser luz para nuestras naciones (ver Isaías 60:3).

El Señor me dio la "revelación de los siete montes" sobre las siete estructuras que vendrá a tomar. Estos montes son: los medios, el gobierno, la educación, la economía, la religión, la celebración de las artes y el entretenimiento y la familia.

Hace poco, escuché un mensaje del pastor, maestro, profeta y "entrenador personal" Lance Wallnau llamado "La estrategia de los siete montes", en el cual compartió la manera en que Loren Cunningham, de Juventud con una Misión (JUCUM), tenía programado un almuerzo con Bill Bright, el fundador de Cruzada Estudiantil para Cristo. Mientras estaban de camino a la reunión, el Señor les dio por separado la misma revelación, la "estrategia de los siete montes" en la cual el Señor les dijo que había siete montes o reinos que era necesario tomar; siete moldes de la mentalidad de la sociedad. El Señor le mandó a cada uno que le dijera al otro este mensaje junto con una promesa importante: capturen estos montes y tomarán la nación.

Ambos estaban asombrados, como era natural, de que el Señor les hubiera dado el mismo mensaje acerca de la estrategia de cómo tomar una nación para Dios. Cada uno describió los siete aspectos que dan forma a la cultura y que se relacionan directamente con los siete montes que enumeré anteriormente (confirmación de que Dios está revelando esta estrategia a los líderes de su pueblo). Desde luego, este enfoque es radicalmente nuevo para la mayoría de los cristianos, pues por mucho tiempo hemos supuesto que las cruzadas de evangelización y las conversiones masivas son la clave para tomar una nación (si es que en algún momento nos cruzó la idea de tomar una nación). Hemos ignorado montes completos o sectores de la sociedad, porque hemos dicho son "del diablo", pero el Señor ahora nos está diciendo que debemos tomarlas.

La revelación de la que hablamos es un terremoto que el Señor está liberando en su Cuerpo. Las ondas de choque de la revelación están comenzando a barrer la sociedad cristiana creando olas de tsunami con las cuales la Revolución de Elías llegará estruendosamente sobre las naciones. Tal es la transformación que ya ha comenzado en varios países y me sorprendo de lo que el Señor está haciendo en algunas situaciones en las cuales estoy involucrado. He tenido el privilegio de hablar proféticamente a presidentes, diputados, senadores y otros políticos en diferentes países. He visto abrirse sobrenaturalmente las puertas para llevar un equipo a la legislatura de un país y profetizar sobre catorce diputados y asesores llevando cinco de ellos al Señor (en sólo una visita). Ya he comenzado a ver evidencia indiscutible del Señor infiltrando y tomando niveles y áreas de la sociedad que anteriormente parecían inalcanzables en una cantidad mucho mayor de lo que puedo compartir en este libro. El tsunami de la gracia ha causado un nuevo nivel de las aguas que está alcanzando lugares más altos para que su luz gobierne a las naciones.

En los siguientes siete capítulos, revisaré cada uno de los montes y compartiré estrategias para tomarlos. Habrá tanto puntos de oración como puntos de acción. Una de mis metas principales es desarrollar la revelación en forma práctica, pues, además, será particularmente importante para estudiantes universitarios que aun tengan que decidir cuál será su carrera, pero a la vez podrá aplicarse a cada cristiano en cualquier campo. Hay una estrategia relacionada específicamente con cada monte y con las siete naciones que menciona Deuteronomio 7: heteos, gergeseos, amorreos, cananeos, ferezeos, heveos y jebuseos. Cada nación enemiga revela claves sobre los gobernantes actuales de los montes que debemos tomar. La estrategia es parte *oración*, porque si perdemos de vista el segmento de esta batalla que es guerra espiritual, entonces fallaremos; también es parte *acción* porque habiendo orado, debemos responder a la gracia que nos sea dada. Nuestra fe y nuestras obras deben ir de la mano.

Dios está buscando hombres y mujeres a través de quienes pueda lograr lo imposible. Tomar los montes se vuelve una tarea imposible si usamos estrategias humanas. La palabra profética debe ser el elemento de penetración de las defensas de cada monte, es por ello que la nuestra es una Revolución de *Elías*. Dios declara todo lo que hace antes de llevarlo a cabo (vea Amós 3:7), lo cual no es únicamente el protocolo del cielo, pues la palabra profética ungida en efecto toma el poder del cielo y lo libera sobre la tierra. Estamos en un tiempo en el que se levantarán profetas que irán a los montes a proclamar lo que está a punto de suceder y la proclamación se vuelve la pista en la cual aterrizará la promesa. De la misma manera en que los aviones supersónicos sólo aterrizan en pistas de aterrizaje, el Señor aterrizará en la pista de la declaración profética. El propósito principal de este libro es para declarar proféticamente lo que ya está en progreso actualmente y lo que comenzará a deslizarse sobre las naciones.

LOS HETEOS Y EL MONTE DE LOS MEDIOS DE COMUNICACIÓN

E N LA ACTUALIDAD, EL monte de los medios está ocupado casi por completo por las fuerzas malignas. Ya que nunca hemos reconocido el valor de tomar los puntos de salida de los medios para el reino, éstos se han vuelto herramientas capitales que debemos arrebatar de manos del enemigo. El enemigo de este monte ha vivido prácticamente sin oposición y ha aprovechado su influencia al máximo.

¿Qué son los medios de comunicación?

En este libro, al hablar de *medios de comunicación* nos referimos a los canales que reportan y establecen las noticias. El poder de los medios es que pueden aun crear las noticias y también convertir una historia cualquiera en una gran historia. Los canales de información incluyen a las estaciones y cadenas de televisión, las páginas de la Internet, los periódicos, las estaciones de radio y las revistas.

¿Quién gobierna los medios?

La primera nación enemiga mencionada en Deuteronomio 7 fue la de los heteos, enemigo que se relaciona específicamente con los problemas del monte de los medios. La palabra *heteo* proviene del nombre *heth*, que significa "miedo" o "terror" y estos espíritus terroríficos obtienen dominio al ser liberados al aire a través de las noticias. Se podía decir que están causando más daño que los mismos terroristas, quienes tienen muy poca influencia sin la cooperación de los medios. La cobertura desenfrenada del terrorismo provoca que muchos corazones desfallezcan en todo el mundo. El hecho de que sea un miedo tan torcido es lo que lo hace particularmente dañino y peligroso. Un miedo desproporcionado crea un campo de batalla falso. Miedo a Satanás, al terrorismo, la enfermedad, las plagas o la guerra. Pone los corazones de hombres y mujeres en el campo de batalla equivocado y los condiciona para responder ante miedos malignos. El temor a Dios es el principio de la sabiduría, el temor de cualquier otro tipo sólo ayuda a hacer crecer el reino de Satanás.

La especialidad de Satanás son las malas noticias y se deleita retorciéndolas. Su meta es llenar las ondas aéreas con malas nuevas, llevando la batalla a un terreno que él controla, donde puede sobrellevar fácilmente a los temerosos y ansiosos. Después de una exposición constante a noticias aterrorizantes, puede inyectar fácilmente enfermedades en nuestro sistema inmunológico debilitado (se sabe que la proliferación de malas noticias afecta físicamente el corazón y el sistema inmunológico). Satanás crea escenarios constantemente que nos distraen de los verdaderos campos de batalla. Utiliza los medios para crear luchas internas y división en todos los niveles de la sociedad.

Una de las razones principales por la que el conflicto en Irak ha sido tan difícil y prolongado ha sido por la complicidad de los medios masivos para corroer nuestra voluntad nacional al acentuar las noticias más terribles y horripilantes del conflicto. Como nación, estamos luchando en general contra los terroristas *y* contra los medios. El terrorismo no es efectivo sin la cooperación intencional o no intencional de los medios. La meta del terrorismo es el terror, y necesita un vocero que no es precisamente Osama Bin Laden, sino Al-Jazeera, CNN y así por el estilo. Bin laden no tiene voz a menos que estén de acuerdo en transmitir lo que sea que balbucee.

Los medios son un enemigo muy difícil contra el cual lidiar, ya que están engarzados en nuestros televisores y computadoras, tanto en el trabajo como en casa. Todos los días vemos o escuchamos múltiples reportes sobre Irak, sobre las bajas o cualquier giro trágico en la situación. Los medios rara vez hablan de las escuelas que se hayan construido o la gente que se haya ayudado de tantas maneras distintas en Irak. Pero no se pierde la oportunidad de mostrarle a la nación cualquier mal reporte que tengan en las manos. Lo hacen tan bien y de manera tan constante que, de hecho, creemos que es una representación fidedigna. Han producido un campo de batalla ficticio y nos han convencido de que es en ese punto donde debemos actuar como prioridad. Como resultado, preguntamos con insistencia a todos los candidatos políticos qué es lo que piensan de la guerra y basamos nuestro voto en el campo de batalla artificial creado por poderes demoníacos en la cima del monte de los medios. Los reporteros mismos tienen la intención de expresar una cierta medida de altruismo periodístico, pero los rostros físicos de los medios son, en general y sin darse cuenta, peones del enemigo que gobierna este monte.

Mientras tanto, más personas morirán a causa del aborto en cualquier ciudad importante de Estados Unidos que por el terrorismo o la guerra en Irak. Esto significa que es exponencialmente más peligroso ser un bebé en un vientre de una estadounidense que servir en el frente de la guerra de Irak. También experimentamos más muertes al día provocadas por accidentes automovilísticos, suicidios, homicidios, sida, cáncer, infartos, sobredosis y muchas otras causas. Todos los días más gente muere a causa de prescripciones mal escritas por los médicos que en el conflicto de Irak. Sin embargo, ese hecho es desconocido por la nación en general. El conflicto de Irak es la historia de primera plana sólo porque los heteos, los medios, la han querido de ese modo, y en el proceso han dañado en gran medida nuestra capacidad para lidiar contra el terror.

¿Quién es el rey de los heteos?

De lo que veo, Apolión es el espíritu que rige sobre los heteos, quienes en la actualidad ocupan la cima del monte de los medios. También veo que será expulsado de su lugar de influencia.

Apolión significa "destructor" o "destrucción" y eso es exactamente lo que ejerce al controlar este monte. Apocalipsis 9 describe que quienes están bajo su control, tienen colas como de escorpiones con aguijones. Las colas de los escorpiones están bifurcadas al igual que sus historias. Esta descripción encaja con el trabajo producido por muchos medios noticiosos que tuercen los sucesos haciéndolos expresar algo falso; el aguijón está en sus historias. La agenda liberal, de hecho, es una forma torcida de mirar los problemas y tiene como resultado una interpretación errada de las soluciones. A causa de esto, la estrategia del enemigo es llenar el monte con liberales y humanistas que se vuelven, sin darse cuenta, sus peones en la tarea de inyectar el veneno.

La palabra *liberal* significa cosas diferentes para diferentes personas en muchas naciones. En este libro, *liberal* se refiere al liberalismo estadounidense que busca liberarse de la ética y los valores orientados a Dios y revelados en la Biblia. Me refiero a una visión del mundo que exalta a la humanidad y degrada a Dios (o por lo menos su importancia). En esta ideología, Dios puede estar en el panorama, pero como no se encuentra en el lugar que le corresponde, la brújula que instruye un paradigma mundial está ladeada. Con frecuencia, el conservadurismo no se desempeña mejor en el propósito de colocar a Dios en el centro de la vida, pero los valores impulsados por los conservadores, por lo general, son más coherentes con una visión bíblica del mundo. Dios "en medio" significa que Él es el centro del universo y que nosotros giramos a su alrededor. Por otro lado, el liberalismo, sin darse cuenta, coloca a la humanidad en el centro del universo y *si* Dios existe, Él gira en torno nuestro. Se le define a partir de lo que tiene sentido para nuestra mente racional. Los liberales no son malas personas, sencillamente son gente que ha sido engañada para aceptar una visión en la que Dios no es céntrico. A causa de este engaño, el gran deseo de Satanás es llenar las transmisiones aéreas con ellos para que, sin darse cuenta, le den salida a sus retorcidas historias y derramar malas nuevas sobre las naciones.

Sin embargo, conforme se hagan manifiestos los juicios justos de Dios, el mundo sabrá cada vez más que Él es quien gobierna la tierra. Muchos ya se están preguntando si Dios está tratando de decirnos algo con tantos huracanes, terremotos y tsunamis. En la mente de muchos, Dios está forzosamente regresando al centro de la vida.

La importancia de los evangelistas

Dios está levantando una nueva casta de evangelistas para tomar el monte de los medios. La palabra *Evangelio* significa "buenas noticias", un evangelista es alguien ungido para llevar las "buenas nuevas". Desde luego, la mejor noticia es lo que logró el sacrificio de Jesús en la cruz, el acceso al cielo para nosotros. Lo anterior es la forma tradicional de entender al evangelista desde la perspectiva del Evangelio de la salvación, y es correcto, pero no completo. En el Evangelio del Reino, hemos visto que nuestras naciones también tienen un "alma" que el Señor busca. Las malas nuevas condicionan las almas a responder a las influencias satánicas mientras que las buenas nuevas influyen en uno a responder a Dios, pues Dios es bueno.

Hay un valor inherente en las buenas noticias que se extiende más allá del sencillo mensaje de la salvación, Pablo escribió al respecto:

> "Por lo demás, hermanos, todo lo que es verdadero, todo lo honesto, todo lo justo, todo lo puro, todo lo amable, todo lo que es de buen nombre; si hay virtud alguna, si algo digno de alabanza, en esto pensad".
>
> FILIPENSES 4:8

Este pasaje debe ser la filosofía que guíe a todo el que se sienta llamado a tomar el monte de los medios, pues a estos ayudará y promoverá el Señor. El espectro deberá llenarse con lo honesto, justo, puro, amable, lo que es de buen nombre, en lo que hay virtud y algo digno de alabanza. La escuela de periodismo del Señor surge de este pasaje. Cualquier cadena noticiosa que incorpore estos estándares a su labor de reportaje comenzará a ser elevada a la cima del monte del Señor, pues llevará la unción de las buenas nuevas.

Lo anterior no significa que es incorrecto reportar un desastre o un giro adverso de los acontecimientos o la corrupción o los errores humanos. Sin embargo, significa que en lugar de repetir infinitamente un desastre, se pueda resaltar la respuesta positiva ante las noticias negativas. Hay un filón de oro redentor en todos los sucesos trágicos, un elemento de esperanza conectado de algún modo. Las transmisiones deben llenarse con historias que hablen de los mismos acontecimientos, pero vistos desde un ángulo que dé esperanza. Lo que está ante nuestros ojos es lo que nos motiva y en lo que vamos a meditar. Como la misericordia y la pureza del Señor lleva al arrepentimiento (Romanos 2:4), llenar los espacios con noticias e historias de nobleza, verdad, justicia, virtud e historias dignas de alabanza puede, en efecto, cambiar el ambiente espiritual (vea Romanos 2:4). Conforme cambie el ambiente, habrá una mayor tendencia al arrepentimiento, y el resultado final será que llegarán más almas al Señor, después de haber tomado como objetivo el monte de los medios, que si intencionalmente estuviéramos intentando ganar. Las buenas noticias condicionan el corazón de las personas hacia Aquel que es bueno.

Los niveles del monte

Conforme leemos Isaías 2:2, la cima del monte es donde se establecerá la casa del Señor. Debemos tomar todo el monte, pero tendremos la suficiente gracia sobre nosotros para llegar a la *cima*. A continuación, daremos un vistazo a los diferentes niveles y lo que significan para nosotros, recuerde que estas no son categorías precisas, sino una generalización de esferas de influencia.

La cima del monte

La cima es el asiento del principado de Apolión y de donde debemos desplazarlo. No podemos sencillamente orar para retirarlo de ese sitio, debemos tener el sustituto listo y a la mano. Es por ello que es necesaria la oración *y* la acción para tomar los montes. Este monte necesita ser ocupado por los revolucionarios de Elías que difundirán buenas noticias.

La cima del monte es la parte que penetra en el "segundo cielo" (nota: el segundo cielo es donde tiene lugar el resto de la batalla por la tierra. Los poderes demoníacos ya han sido desplazados de cualquier autoridad en el tercer cielo y el poder que les queda es sólo el que les dan los humanos al ser engañados por su asalto en el campo del pensamiento). Lo que sea que gobierne en el segundo cielo, gobernará en el campo del pensamiento colectivo de alguna región, por lo que ganar la cima del monte nos da poder en el aspecto del pensamiento. El principio de "cual es su pensamiento en su corazón, tal es él" (Proverbios 23:7) también se aplica a las naciones. Es por ello que tomar las cimas de todos los montes también toma cautivo el pensamiento de una nación.

> "Porque las armas de nuestra milicia no son carnales, sino poderosas en Dios para la destrucción de fortalezas, derribando argumentos y toda altivez que se levanta contra el conocimiento de Dios, y llevando cautivo todo pensamiento a la obediencia a Cristo."
>
> 2 Corintios 10:4-5

Hasta cierto punto, hemos comprendido el significado personal de este pasaje, pero también tiene un significado colectivo, pues desde la cima de estos montes se han estado lanzando los pensamientos que se han estado exaltando en contra de Dios.

La cima de uno de esos montes siempre ejercerá influencia sobre millones de personas más allá del contexto local. En otras palabras, quien sea que influya en la mente de millones de personas, de alguna manera ocupa una posición en la cima. Los personajes tras bambalinas que manejan los aspectos financieros o que toman las decisiones son obviamente piezas clave. Quien sea que establezca los lineamientos filosóficos para la información noticiosa es quien detenta verdadera influencia. Las personalidades visibles pueden funcionar como marionetas si carecen de una libertad significativa para expresarse personalmente. FOX News, CNN, la BBC, el *New York Times*, Associated Press, *Time* y demás fuentes de información de alto perfil son ejemplo de manifestaciones visibles de instituciones ubicadas en la cima del monte.

Los sitios de influencia involucran demonios, instituciones humanas e individuos. No todas las personas dentro de esas organizaciones son malas, liberales o demoníacas. De hecho, muchos cristianos trabajan en los medios masivos, pero se ven forzados a trabajar dentro de los límites filosóficos actuales de dichos medios. Algunos quizá expongan las hipocresías de los medios (Sean Hannity, por ejemplo, opera de ese modo), pero aún no hemos visto la meta o siquiera un modelo acertado de lo que vendrá. El resultado es una presencia negativa dominante en la mayor parte de las organizaciones noticiosas.

El medio del monte

La parte media del monte está ocupada por medios que en cierta medida ostentan menos influencia. Llegan a miles más allá de los ámbitos locales, pero no a millones. Diversos periódicos, revistas, algunos noticiarios, publicaciones nacionales especializadas y estaciones locales de transmisión para mercados amplios son las que se encuentran a mitad del monte. Las instituciones de educación superior que capacitan a los periodistas, también encajarían aquí. En términos generales, son todas aquellas con una influencia significativa pero no dominante. Aunque la gracia mayor es para que el tsunami alcance los lugares más altos, algunos serán llamados para ocupar el monte en su nivel intermedio. Los revolucionarios de Elías tendrán que posicionarse en noticiarios locales y periódicos que tengan una amplia influencia sobre ciertas áreas geográficas o sectores sociales.

La base del monte

Quien se encuentre en este nivel, alcanza a menos personas que los anteriores. Podrían ser noticiarios locales orientados a mercados pequeños y medianos, noticiarios especializados o revistas de menor circulación (que ejercen cierta influencia, aunque no se les pueda comparar con los dos niveles superiores). Este es apenas el nivel al cual se ha llegado, o que se haya tenido la fe para llegar, para cristianos en general. No obstante, esto está cambiando conforme cambian los efectos del tsunami espiritual.

Lo que la Biblia dice sobre las noticias

Antes de citar algunos textos bíblicos sobre el tema, quiero reiterar el hecho de que las noticias no son una cuestión secundaria. La información que *escuchamos* y *damos* son factores importantes de condicionamiento para el espíritu humano. Las noticias profanas contaminan a las personas y las noticias nobles las vigorizan. Las noticias presentadas adecuadamente extraen el mensaje de redención que Dios da, porque Dios no sólo nos abruma con noticias desesperadas y trágicas esperando que sencillamente nos las arreglemos con ellas. Él siempre las sazona con esperanza.

Dios nos muestra su modelo en las siete cartas a las siete iglesias del libro de Apocalipsis. Su presentación tiene un sello de redención hasta para las advertencias más severas o correctivas. Jesús primero dice a las iglesias algo positivo: "Yo conozco tus obras, y tu arduo trabajo y paciencia; y que no puedes soportar a los malos, y has probado a los que se dicen ser apóstoles, y no lo son, y los has hallado mentirosos; y has sufrido, y has tenido paciencia, y has trabajado arduamente por amor de mi nombre, y no has desmayado". Después, transmite su mensaje central, es decir, las malas noticias: "Pero tengo contra ti, que has dejado tu primer amor. Recuerda, por tanto, de dónde has caído, y arrepiéntete, y haz las primeras obras; pues si no, vendré pronto a ti, y quitaré tu candelero de su lugar, si no te hubieres arrepentido" (Apocalipsis 2:4-5). El Señor cierra su mensaje con ánimo: "Pero tienes esto, que aborreces las obras de los nicolaítas, las cuales yo también aborrezco" (Apocalipsis 2:6). Su palabra final a la iglesia es una promesa alentadora: "Al que venciere, le daré a comer del árbol de la vida, el cual está en medio del paraíso de Dios" (Apocalipsis 2:7). El mensaje viene en forma de un "sándwich" divino. Las rebanadas de pan arriba y abajo constituyen un mensaje positivo o redentor, mientras que la carne central es, de hecho, algo bastante serio y negativo.

La realidad de la iglesia de Éfeso (el ejemplo que vimos en el párrafo anterior) fue que Dios estaba a punto de extinguirlos por su falta de amor. Sin embargo, los aconsejó con su increíble gracia a la vez que les transmitía la seriedad de la situación. El Señor conoce el enorme impacto de las noticias sobre una persona o grupo de personas y que una serie continua de malas noticias sin un ángulo de esperanza, quebranta el espíritu. Cuando alguna persona o institución cuenta con una plataforma informativa, también tiene la enorme responsabilidad de utilizar esa posición de influencia para la redención.

Con lo anterior en mente, veamos algunos textos:

"Como el agua fría al alma sedienta, así son las buenas nuevas de lejanas tierras".

PROVERBIOS 25:25

Este pasaje es particularmente interesante a la luz de las batallas de Estados Unidos en otras naciones tales como Irak y Afganistán. Si el efecto de las buenas noticias en el alma de una nación es refrescante como el agua fría, entonces podemos imaginarnos lo que hace un flujo constante de malas noticias al alma sedienta de una nación. Sería como darle polvo en vez de algo que beber, y eso es lo que sienten los ciudadanos estadounidenses después de muchos años de luchar contra el terrorismo (una batalla que debe pelearse de uno u otro modo). Las malas noticias son un arma significativa e importante a favor de los terroristas.

Los terroristas apoyan cualquier cosa que desestabilice y genere la mayor cantidad de miedo y ansiedad. Noventa por ciento de su éxito proviene de lo que informan los medios, ya que no han ganado ninguna batalla significativa y sus bajas son de más de diez a uno en comparación con las bajas militares. Sin embargo, de acuerdo con los informes de los medios tendenciosos, Estados Unidos está perdiendo esta guerra, porque ellos no pueden evitar que los iraquíes se maten entre sí. Mi objetivo no es defender ni condenar la guerra, sino asentar que las noticias tienen el poder de afectar la psique de los individuos y hasta de una nación entera. Conforme los creyentes vayan ganando prominencia en el monte de los medios, debemos dar a conocer una filosofía acorde con Dios en la información y no colaborar con el envenenamiento de la mente de un país.

> "¡Cuán hermosos son sobre los montes los pies del que trae alegres nuevas, del que anuncia la paz, del que trae nuevas del bien, del que publica salvación [...]!"
>
> Isaías 52:7

De nuevo, podemos ver el corazón de nuestro Señor en lo relativo a las buenas noticias. Quienes son llamados a tomar este monte tendrán los "pies hermosos" de los cuales habla Isaías 52 cuando, en cualquier grado, siembran buenas nuevas, paz y esperanza aun cuando tienen que reportar sobre cosas negativas. La idea no es engañar a la gente o cubrir lo que necesite ser descubierto, sino asegurarnos de que la información tenga un fin de redención y deje algo de esperanza como *postdata*.

Si usted es un cristiano que forma parte de estos medios o que desea serlo, el punto anterior es de la mayor importancia para usted, pues su papel en el monte de los medios es tratar siempre de traer buenas noticias. De hecho, debemos entender este principio en una escala aún mayor cuando la iglesia trata cuestiones de pecado y corrupción. Insistir airadamente en contra del aborto puede servir únicamente para alienar aún más a quienes defienden un punto de vista de libertad para abortar. Las historias de redención sobre quienes decidieron no practicarse un aborto o de quienes han experimentado el perdón de Dios después de haberlo llevado a cabo, serán mucho más eficaces para ganar el corazón y la mente de una nación.

"El Espíritu de Jehová el Señor está sobre mí, porque me ungió Jehová; me ha enviado a predicar buenas nuevas a los abatidos, a vendar a los quebrantados de corazón, a publicar libertad a los cautivos, y a los presos apertura de la cárcel."

Isaías 61:1

Una de las nuevas maneras creativas por las que el Señor desatara evangelistas para este monte, será impartiendo la sabiduría para genuinamente transformar el reporte de noticias en la predicación de Buenas Nuevas. Cualquier periodista que pueda contar una historia de heroísmo que incidentalmente muestre el acto heroico como fruto de una relación con Dios, de hecho, estará predicando Buenas Nuevas. Necesitamos un ejército de evangelistas "prudentes como serpientes, y sencillos como palomas" (Mateo 10:16) que no se den demasiado a notar, y que puedan integrarse, sin dejar de tener la mente puesta en los objetivos del Reino. A medida que un ejército con estas características invada el monte de los medios, comenzarán a preparar la mente de las personas y de las naciones para recibir de Dios.

"Súbete sobre un monte alto, anunciadora de Sion; levanta fuertemente tu voz, anunciadora de Jerusalén; levántala, no temas; di a las ciudades de Judá: ¡Ved aquí al Dios vuestro!"

Isaías 40:9

Podríamos tomar el versículo anterior como un mandato profético del Señor en el que quienes tengan el espíritu de buenas nuevas en ellos deberán subir al monte alto y hacer que sus voces se escuchen. La historia de David y Goliat nos recuerda la manera en que incluso un sólo hombre puede helar de miedo a una nación entera a través de las malas noticias. No existe ni una sola referencia bíblica donde se mencione que Goliat hubiera matado siquiera a una persona. El gigante aparentemente fue vulnerable hasta a una pequeña piedra proveniente de una honda. No obstante, utilizó el poder del terror para neutralizar el valor que Israel pudiera haber mostrado. David rompió el poder de las malas nuevas con una declaración de buenas nuevas: "Jehová te entregará hoy en mi mano, y yo te venceré [...]" (1 Samuel 17:46).

Después de estas nuevas positivas, David acabó rápidamente con Goliat y cientos de estos mismos soldados de Israel, antes intimidados, se volvieron en famosos "valientes de David", quienes no sólo pudieron destruir fácilmente a gigantes, sino a ejércitos completos. Cuando tomamos el monte de los medios y neutralizamos las malas noticias que fluyen de ella, podemos comenzar a utilizar ese monte para desatar el cielo sobre la tierra.

Un enfoque múltiple

No existe una estrategia única y sencilla para tomar este monte. Lo único que es necesario saber es que si ha sido llamado a este monte, el Señor comenzará a darle sabiduría y una estrategia. Algunos tendrán la gracia para hacer una cosa y otros para hacer otras. Necesitamos un ataque en múltiples frentes.

Los cristianos necesitan comenzar a levantarse en las escuelas de periodismo y cambiar la filosofía de los periódicos o comenzar los suyos propios que operen bajo principios acordes a Dios. Las cadenas como CNN o FOX pueden ser influidas o reemplazadas por nuevas alternativas que el Señor levantará. Quienes estén dispuestos a identificar los medios como su monte y deseen llegar a la cima, Dios les dará muchas ideas creativas para la Internet, los medios audiovisuales e impresos. Recuerde que el tsunami viene para desplazar lo que fue hecho con materiales inferiores y para establecer a su pueblo en puestos más altos. La gracia principal vendrá para la toma de la cima del monte y para sacar de ella a Apolión, a los heteos y a Goliat. La estrategia tendrá un carácter más espiritual que natural, así que un reportero "de Elías" debe estar preparado espiritualmente para guerrear de esta forma. Para uno que escala este monte infiltrado por terroristas (los heteos), no se puede permitir que el miedo y el terror sean algo que gobierne en la vida de la persona. Quien sea que ascienda este monte, deberá hacerlo tanto con una estrategia de oración como con una de acción.

La estrategia de oración

La estrategia de oración debe incluir varios objetivos, uno de ellos es bendecir y cubrir con oración a quien sea que se encuentre actualmente en el monte de los medios que esté neutralizando las tinieblas. FOX News está muy por debajo del estándar que pondrá el Señor, pero al forzar un nivel de responsabilidad en otras compañías informativas está neutralizando una oscuridad aún mayor que pudiera salir de alguna de ellas.

Otra estrategia de oración es orar por las compañías de información e individuos que veamos que llevan la unción de Apolión en alguna medida importante, para que vean la verdad de Cristo y se aparten de esos caminos. Al-Jazeera sería un caso de éste tipo, pues ha fungido como un Goliat para el terrorismo.

Otras estrategias adecuadas de oración incluyen orar pidiendo el favor y la ayuda de Dios para quienes están comenzando su ascenso al monte y para quienes aún deban descubrir su llamado en esa área. Todo debe estar inmerso y cubierto de oración, pues esta es nuestra arma principal y la más poderosa. "Porque las armas de nuestra milicia no son carnales, sino poderosas en Dios para la destrucción de fortalezas" (2 Corintios 10:4).

La estrategia de acción

En su mayor parte, si no es que en su totalidad, las estrategias de acción deben concebirse en oración. Se puede liberar un poder sustancial al ir a la fortaleza geográfica de un espíritu dentro de los medios para orar o llevar a cabo actos proféticos. La ciudad de Nueva York, en la actualidad, es la fortaleza de la influencia de Apolión, y Atlanta la sigue en importancia. Echar fuera a los principados que están dentro de cada bastión tendría repercusiones mundiales. Es necesario actuar dentro de los límites de la fe que cada uno tenga y de la dirección de parte de Dios.

Una estrategia principal de acción es escoger una carrera en este campo con una comprensión clara de quién es usted y qué es lo que debe hacer. Los cristianos han servido en esta área desde hace algún tiempo, pero, por lo general, bajo el condicionamiento periodístico del mundo. Existe una diferencia entre verse a uno mismo como un periodista que resulta ser cristiano o si uno se ve como hijo o hija del Rey con una misión específica. Ahora es el momento para que muchos de quienes han sentido el llamado al evangelismo (o hasta para profetizar o predicar) se den cuenta de que una carrera en los medios no sólo es una manera viable de cumplir un llamado, sino que los revolucionarios de Elías tienen el poder específico de tomar este monte. Parte de la Revolución para la iglesia es comprender que el trabajo "secular" no existe; sencillamente hay diferentes montes en los cuales es necesario operar. Todo el mundo debe verse ahora como nuestra congregación. En éstos últimos días, el monte del Señor será exaltado sobre los montes del mundo y, como lo indica Isaías 2:2, las naciones correrán con emoción hacia las nuevas manifestaciones del cielo sobre la tierra.

LOS GERGESEOS Y EL MONTE DEL GOBIERNO

EL MONTE DEL GOBIERNO, o la política, es un monte en el cual el Señor está comenzando a posicionar a sus hijos para que lo invadan y hagan discípulos de ello. Al igual que con los medios, prácticamente hemos entregado dicho monte al mundo. Se sabe de denominaciones enteras que le han prohibido a su gente participar en la política a causa de la corrupción que siempre parece infectarla. Desde luego, la razón por la cual parece que la política es "del diablo" es que hemos abandonado este monte a su arbitrio.

A causa del fuerte control que ejerce el enemigo sobre este monte, resulta muy peligroso tomarlo si no se está preparado espiritualmente para hacerlo, pero a pesar de ello, *debemos* tomarlo. La Revolución de Elías comenzará a desplazar a las fuerzas de la oscuridad de este monte y a establecer un gobierno justo en su cima.

¿Qué es el gobierno?

El gobierno puede tener muchas aplicaciones, pues existe en muchos campos. En este libro, consideraremos como gobierno a las instituciones políticas que gobiernan un territorio y que administran la justicia civil en diversos niveles. Aunque es un campo muy amplio que se extiende largo y ancho, la cima del monte está ocupada por un puñado relativamente pequeño de personas. En Estados Unidos, el presidente es la persona física que se encuentra en la cima del monte con senadores y congresistas (diputados) quienes también ocupan una alta posición en el monte de nuestra nación. Ya que este país es el líder del mundo en este momento, automáticamente este líder nacional se coloca en la cima del monte mundial del gobierno.

¿Quién manda actualmente en el gobierno?

La segunda nación enemiga mencionada en Deuteronomio 7 son los gergeseos, cuyo nombre significa "que viven en suelo arcilloso" y representan la motivación proveniente de deseos y ambiciones carnales. En esencia, representa la corrupción engendrada por la "vanagloria de la vida" (1 Juan 2:16). La definición de *corrupción* es: "falta de integridad, virtud o moralidad", y eso es lo que rige actualmente en la política y el gobierno.

Todos los gobiernos sufren de corrupción, lo cual es un autosabotaje que garantiza su colapso final. El único gobierno en el cual nunca habrá corrupción es el del Reino de Dios. Aquí en la tierra, hasta el regreso de Jesús, siempre habrá un gobierno imperfecto, pero, a pesar de ello, podemos (y debemos) insistir en ideales y principios altos, y en gran carácter individual; necesitamos personas que puedan manifestar una forma de gobierno que sea de bendición para el país. Por ello, cualquier intento de tratar de establecer una teocracia física anticipada está errado. La única manera en que un gobierno funcionara *de facto* como una teocracia antes de tiempo, sería que los individuos en el poder se dejaran usar como marionetas de Dios. Por lo cual, hasta que Cristo regrese, la meta es imponer la influencia del cielo sobre cualquier maquinaria política existente.

¿Quién es el rey de los gergeseos?

El monte del gobierno es quizá el más importante de todos, ya que puede establecer leyes y decretos que afectan y controlan a todos las demás. Por ello, encontramos a Lucifer mismo atrincherado en este monte como "príncipe" usurpador de las naciones. Mientras que el gobierno de Dios se establece a través del servicio y la humildad, el gobierno de Satanás se establece mediante la manipulación y el orgullo. Lucifer se sienta en la cima de este monte donde funge específicamente como el anticristo. Su rol sobre las naciones es levantar y

dar fuerza a lo que sea que se oponga a los principios de Dios en la tierra. Cuando está enraizado firmemente en una nación, dicha nación
manifestará los siguientes rasgos distintivos:

1. Acciones que perjudican a Israel.
2. Acciones para destruir a la siguiente generación (aborto,
   guerras y plagas).
3. Acciones para perjudicar a los cristianos.
4. Acciones para oprimir a las mujeres o infundirles el espíritu
   de Jezabel.
5. Acciones para pervertir la sexualidad (homosexualidad,
   adulterio, entre otras).

Cada uno de los puntos anteriores podría ser desarrollado en
un libro específico, así que no profundizaremos mucho en ellos. Lo
importante es que Lucifer trata de entrelazar las semillas de éstos cinco
rasgos distintivos en todos los aspectos de la influencia gubernamental. Intenta cambiar y organizar las leyes, pactos y acuerdos que harán
posible el cumplimiento de sus objetivos y aun cree que puede tener
éxito, lo cual sólo hará que el resultado final sea tanto más dulce para
nosotros. Cualquiera que intente escalar este monte, debe comprender
quién la tiene en su poder y qué es lo que pretende realizar. Los gergeseos de la corrupción sirven a sus propósitos porque condicionan a la
gente a ser peones de su plan maestro. Dios garantiza la remoción de
Lucifer y una nación tras otra será arrancada de sus garras:

"¡Cómo caíste del cielo, oh Lucero, hijo de la mañana! Cortado
fuiste por tierra, tú que debilitabas a las naciones. Tú que decías en
tu corazón: Subiré al cielo; en lo alto, junto a las estrellas de Dios,
levantaré mi trono, y en el monte del testimonio me sentaré, a los
lados del norte; sobre las alturas de las nubes subiré, y seré semejante
al Altísimo. Mas tú derribado eres hasta el Seol, a los lados del abis-
mo. Se inclinarán hacia ti los que te vean, te contemplarán, diciendo:
¿Es éste aquel varón que hacía temblar la tierra, que trastornaba los
reinos; que puso el mundo como un desierto, que asoló sus ciudades, que a sus presos nunca abrió la cárcel?".

ISAÍAS 14:12-16

Todos los que progresen en este monte del gobierno, tendrán que ser conscientes de la motivación específica que comunica el texto anterior y que se resume en la palabra "subiré". Una vez que su espíritu sea penetrado por la envanescente aspiración de "subir", entonces llevará el ADN de Satanás, sea usted cristiano o no. Entonces, la manipulación y el orgullo trabajarán juntos. Por tanto, el monte debe ser tomado por cristianos *practicantes* y no solamente *nominales*. El antídoto contra Lucifer y los gergeseos de la corrupción es obrar de acuerdo con Mateo 20:28: "como el Hijo del Hombre no vino para ser servido, sino para servir, y para dar su vida en rescate por muchos". La actitud mencionada en el párrafo anterior debe ser el punto de partida para cualquier revolucionario de Elías en la política. Se requiere la humildad y la autoridad espiritual para tomar este monte, y quien tenga tales características será a quien el Señor levantará para desplazar a los demonios y sus marionetas humanas del campo del gobierno.

La importancia de los apóstoles

Los verdaderos apóstoles desempeñarán un papel único en la toma de este monte, y debo decir "verdaderos apóstoles" porque la mayor parte de los que se hacen llamar así no lo son ni lo serán. Se necesita más que una página en la Internet y una tarjeta de presentación para volverse apóstol. También se necesita tener más que una red de iglesias subordinadas. Hemos depreciado seriamente lo que significa ser apóstol y eso debe cambiar.

La iglesia de Éfeso fue alabada por haber probado a los que dicen ser apóstoles y no son, habiéndolos hallado mentirosos (Apocalipsis 2:2). Su autopromoción no los descalifica de ser creyentes y tampoco significaba que carecieran de algún tipo de posición de liderazgo. Sencillamente, significaba que no eran apóstoles y que, por lo tanto, eran mentirosos.

Hemos tenido un buen número de mentirosos de ese tipo apareciendo en escena y enturbiando con ello las aguas para los verdaderos apóstoles. Sin embargo, en realidad no es un gran problema, ya que el sello básico de un verdadero apóstol es que no le importa que lo reconozcan como tal. Los falsos apóstoles serán distractores por una temporada, pero eso se remediará conforme Dios siga sacudiendo su casa.

Un apóstol es llamado y ungido para tomar las cimas de los montes, pero la unción no se basa en su carisma, en su capacidad para hacer dinero, en sus relaciones, en su tipo de personalidad, en sus facultades como orador o en cualquier otra capacidad natural. En realidad, es una autoridad celestial otorgada para un llamado específico (aunada a una respuesta obediente a dicho llamado) que nace de una intimidad profunda con Dios.

Un vistazo rápido a los doce apóstoles originales debe convencernos de que ninguna de las cualidades naturales que enumeré en el párrafo anterior son lo que define al apóstol. Sus dones naturales no definieron cuál fue el llamado espiritual sobre su vida. A través de ellos, vemos una manifestación de la estrategia divina de escoger a un "Don Nadie" para poner al mundo de cabeza.

"Pues mirad, hermanos, vuestra vocación, que no sois muchos sabios según la carne, ni muchos poderosos, ni muchos nobles; que lo necio del mundo escogió Dios, para avergonzar a los sabios; y lo débil del mundo escogió Dios, para avergonzar a lo fuerte; y lo vil del mundo y lo menospreciado escogió Dios, y lo que no es, para deshacer lo que es, a fin de que nadie se jacte en su presencia."

1 Corintios 1:26-29

Con frecuencia, el Señor oculta su mayor poder y gloria en envolturas no muy llamativas. Los apóstoles son ejemplo primordial de ello y, de hecho, Jesús mismo es el ejemplo perfecto de dicha dinámica. Dios encarnado no se manifestó a través de la casa de César, ni de Herodes, ni de un centurión o de cualquier otro líder de prestigio. En cambio, llegó a escondidas por medio de una doncella joven y nació en un pesebre, de manera todavía menos pretenciosa. Sólo los hombres sabios de oriente lo descubrieron, así como todavía es necesario se requiere hombres sabios para descubrir los vasos mayores de Dios.

Los apóstoles son uno de los dones mayores que Dios nos da. Frecuentemente son escondidos, pero siempre ungidos con poder. Y los mayores de ellos serán algunos de los individuos más improbables que podamos imaginar. En el cielo, son sumamente bien conocidos, especialmente por su manto de humildad. Un apóstol tendrá muchos miles de ángeles a su disposición, y muchos de esos ángeles tienen potestad sobre territorios y unción para echar fuera las fuerzas oscuras que ocupan las cimas de los montes. El apostolado puede ser un don casi desperdiciado si otros no descubren el llamado de Dios sobre su vida. Es posible aun que muchos apóstoles ni siquiera sepan que lo son, pues a veces ellos mismos no han reconocido lo que Dios puso en ellos. El título de apóstol no es lo más importante, pues la función y la unción apostólica las que deben restaurarse. Un ministerio profético legítimo, en su función debida, pude validar a los verdaderos apóstoles. Incluso Jesús, el primer apostol, fue anunciado por Juan el Bautista; así también, nosotros también necesitamos la voz profética que anuncie y confirme a los apóstoles.

Jesús fue el primer apóstol legítimo (vea Hebreos 3:1) y fue el primero en llevar los rasgos distintivos de un apóstol. Donde sea que Jesús iba, sucedían fenómenos apostólicos: su unción misma confrontaba la cima del monte en el mundo espiritual, por lo que se manifestaba el poder de Dios y salían a la luz los espíritus inmundos donde quiera que iba. Cuando llegaba a una ciudad, el lugar entero era confrontado y conmovido. Tanto los líderes humanos como los demoníacos se intimidaban, y todos los poderes se sentían desplazados a causa de la unción sobre su vida. La atmósfera cambiaba de pronto, y repentinamente se gestaban tormentas. Su autoridad sobre todo tipo de enfermedad, dolencia y poder demoníaco se manifestaba. Ninguna parte de su influencia era el producto de una bien aceitada maquinaria de relaciones públicas, ni de la televisión, los libros, una gran iglesia o ningún otro elemento natural, todo era poder espiritual.

Todos los rasgos distintivos de un apóstol también fueron evidentes en sus doce seguidores quienes evocaron el mismo tipo de respuesta a donde sea que iban después de que el Espíritu se derramó sobre ellos. Tenían una unción apostólica que produjo señales y maravillas de todo tipo siempre en confrontación con los principados en la cima de los montes y por ello, padecieron mucho sufrimiento y persecución, lo cual hace evidente una vez más su calidad de verdaderos apóstoles.

Antes de poder desplazar por completo a principados y potestades, los apóstoles tendrán que estar correctamente ubicados en la cima de los montes. De nuevo, un apóstol es alguien a quien le ha sido dada autoridad para desposeer los demonios que ocupan las cimas e instalar al autoridad del Reino de los cielos. No podremos tomar por completo el monte del gobierno sin el don apostólico, el cual es un don de gobierno, ya sea dentro o fuera de la iglesia. Lo anterior no significa que necesitamos el *título* de apóstol, pero necesariamente *la unción de apóstol*. Estoy en buena medida convencido de que los apóstoles de este monte no usarán su título de apóstol, pues la palabra "apóstol" puede distraer mucho, además de que conlleva una gran cantidad de connotaciones, especialmente en estos tiempos. De hecho, podríamos deshacernos de 90% de quienes se dicen apóstoles sin serlo tan solo con informarles que ya no pueden usar su título, pues el apego a ser llamados y reconocidos como tales puede ser la *primera* evidencia de su falsedad. El instinto natural de quien conozca la responsabilidad que conlleva este llamado sería alejarse en la dirección opuesta.

Se requieren de profetas y sabios verdaderos para descubrir a los verdaderos apóstoles. Sea o no sea que el título entre en juego, Dios está preparando y levantando apóstoles para poseer el monte del gobierno. Estos serán siervos íntimos y humildes del Señor que detentarán un gran poder y autoridad espirituales. Podrían ser consejeros (intercesores) de los políticos o ellos mismos los políticos (tal será el disfraz natural para un verdadero llamado apostólico, y muchos serán mujeres, quienes son clave para que la iglesia cumpla su destino a cabalidad). Daniel, por ejemplo, tuvo un llamado apostólico en una posición de influencia; lo mismo que Ester y José. El rey David fue un buen ejemplo de presidente-apóstol, pues tuvo la mayor autoridad espiritual *y* autoridad civil en su reino.

Este posicionamiento apostólico se verá cada vez mayor entre las naciones del mundo conforme el monte de la casa del Señor sea exaltado sobre todas las demás. Una razón por la cual no hemos avanzado tanto como se esperaba en esta área es que los cristianos que han llegado al poder en diversos gobiernos nacionales no siempre han sido apostólicos, es decir, que han llegado a la cima del monte sin llevar una autoridad apostólica. Carecen de la unción y de la autoridad para desplazar, por la cual, muchos de ellos han caído en la misma corrupción que sus antecesores. Lucifer y sus gergeseos corruptores no han sido echados fuera espiritualmente por los ángeles que normalmente acompañan a un verdadero apóstol.

La meta no es solamente tener cristianos en lugares altos, sino tener cristianos *llamados* a ocupar dichos lugares y desempeñar esos papeles. No obstante, el objetivo no es llevar una etiqueta que diga "cristiano" en la solapa, debemos darnos cuenta de que es preferible que su autoridad e influencia sean sigilosas en lugar de ruidosas, ya que un bajo perfil diluye la resistencia de la oposición. Además, la rectitud gubernamental no está en función de que la persona se haga llamar cristiana o no, sino en virtud de los valores que esté dispuesta a defender o instituir. Un cristiano que defiende, por ejemplo, el derecho al aborto o la validez de los matrimonios homosexual, es un candidato cristiano que no vale la pena. Si los candidatos manifiestan integridad en la política, entonces no están ungidos para este monte.

Lo anterior cambiará conforme la Revolución de Elías salga a las naciones. Los hijos y las hijas del Rey que comprendan el llamado para tomar los siete montes se levantarán para ocupar las cimas. Más importante que su confesión de fe, será su comprensión de los asuntos del Reino: ¿comprenden el plan de redención de Dios para Israel en estos últimos tiempos? ¿Comprenden que tocar a Israel es como tocar la niña de sus ojos? (vea Zacarías 2:8). Naciones enteras serán juzgadas severamente o bendecidas y favorecidas enormemente tan solo por esta cuestión. El gobernar ya no puede hacerse sólo por la mente natural, pues cada vez más los asuntos entran en territorio espiritual y Dios tratará con errores espirituales de naciones, con frecuencia, a través de juicios devastadores (vea Isaías 26:9).

El mundo llegará a enterarse, por ejemplo, de que aunque Dios ama con pasión a cada homosexual, mantenerse en ese pecado hará que la persona caiga bajo la espada de su juicio. Los sentimientos de ser homosexual no justifican un estilo de vida homosexual como tampoco el deseo de un asesino por matar lo justifica ser asesino. Todos nacemos con sentimientos que debemos dominar y eliminar, y mientras más pronto comencemos a adoptar los estándares de Dios, más pronto tendremos la oportunidad de estar en paz con Él. Es bien sabido que cualquier niño que es dejado al arbitrio de sus propios estándares basados en sentimientos se vuelve malcriado e incontrolable. Lo que surge naturalmente de nosotros es mentir, engañar, fornicar, deshonrar a nuestros padres y cometer cualquier otra forma de pecado cuando definimos la rectitud basándonos en aquello con lo que creamos haber nacido. Mientras más pronto comprendamos que Dios espera rectitud (sin importar lo que nos digan nuestras tendencias) más pronto seremos capaces de eliminar sus juicios de nuestra vida en lo individual y en lo colectivo. Uno de los roles principales de los líderes gubernamentales del futuro será instruir a sus naciones y pueblos. Cuantos más sean los juicios de Dios que se derramen en la tierra, más explícita será la orden que comuniquen de apartarse del pecado.

Los niveles del monte

Como lo mencioné en el primer capítulo, existen tres niveles en un monte: la cima, la parte media y la base. La cima es nuestro objetivo, en donde se liberará la gracia mayor que traerá el tsunami. Ahí es donde Lucifer se encuentra fortificado y donde se encuentra la fortaleza de la corrupción. "La cima del monte" puede aplicarse en un ámbito nacional, regional o local. La promesa es que las naciones pueden ser tomadas por la luz de los hijos y las hijas de Dios.

La cima del monte está ocupada por un rostro visible, como el presidente y la influencia espiritual que lo mantiene donde está. Siempre debemos hacer una distinción entre los rostros naturales y los poderes dominantes que influyen en ellos. Podríamos obsesionarnos incorrectamente con cambiar solamente a los entes físicos en el poder sin darnos cuenta de que si el monte no es poseído en lo espiritual, al mismo tiempo, es probable que una nueva persona en el cargo público sucumba ante la influencia demoníaca prevaleciente en el aspecto que le corresponda al monte. Lo anterior es lo que ha sucedido en la Suprema Corte de Estados Unidos donde los presidentes republicanos han nombrado supuestos conservadores quienes, de pronto, comienzan a votar en consonancia con el bloque liberal. Ellos están condicionados por los poderes espirituales que aún no han sido echados fuera de Washington. Los poderes gobernantes siempre afectan el pensamiento de quienes se encuentran bajo su esfera geográfica. Los jueces pueden tener un historial de haber resuelto de cierto modo en su estado de origen, pero el clima espiritual de Washington, sujeto a la influencia de un demonio mayor, puede hacer surgir una respuesta diferente de su parte.

Otros niveles del monte incluyen posiciones políticas menores (desde gobernadores, hasta jueces y alcaldes). Debemos llenar el monte entero con hijos del Reino que sepan por qué están donde están para permitir que sea exaltada la casa del Señor. Este monte tiene muchos nichos y zurcos, así como muchas maneras de aproximarse a ella. Algunos pueden ser llamados a combatir leyes injustas en su campo de acción, otros a formular la política pública o impulsar la reforma del presupuesto. Mientras más significativas sean las repercusiones de dichas leyes y políticas, mayor será el nivel que representen en el monte. A cualquier nivel al que lleguemos, recibiremos suficiente gracia, porque esta es nuestra Tierra Prometida.

Lo que la Biblia dice respecto al gobierno

Ya he mencionado varios textos que hablan sobre el llamado a tomar las naciones que también podrían aplicarse aquí, pero a continuación presento algunos otros:

"Cuando los justos dominan, el pueblo se alegra; mas cuando domina el impío, el pueblo gime".

PROVERBIOS 29:2

Este es un buen versículo para quienes dudan de si Dios quiere que nos involucremos en cuestiones civiles. Los pueblos del mundo están exhaustos y gimen bajo el dominio de los impíos, es por ello que se exaltará el monte de la casa del Señor. Se han hecho intentos con todas las formas de gobierno y todos han fallado dramáticamente. No hay ningún nuevo prototipo de gobierno qué probar y la tierra lo sabe, gime y se atribula en espera de aquellos que mantengan sus promesas de rectitud y justicia. La mayor parte de los políticos se comprometen a luchar contra la corrupción, pero pocos han tenido éxito; todos prometen justicia pero ninguno es capaz de conseguirla. El pensamiento del mundo está desconectado, pues pocos de ellos parecen darse cuenta de que solo la influencia del Reino de Dios puede producir un cambio verdadero, solo *Él* es el deseado de las naciones (Hageo 2:7).

"Porque un niño nos es nacido, hijo nos es dado, y el principado
sobre su hombro; y se llamará su nombre Admirable, Consejero,
Dios Fuerte, Padre Eterno, Príncipe de Paz. Lo dilatado de su imperio y la paz no tendrán límite, sobre el trono de David y sobre su
reino, disponiéndolo y confirmándolo en juicio y en justicia desde
ahora y para siempre. El celo de Jehová de los ejércitos hará esto."

ISAÍAS 9:6-7

Este pasaje tan poderoso es un anuncio profético de la venida de
Jesús. Aunque hemos comprendido los elementos de verdad que contiene esta escritura, hemos pasado por alto la escatología que marca.
Este Jesús que viene, llevará el "principado", es decir, el gobierno,
sobre su hombro (literalmente "sobre la espalda"). Su Reino y su
imperio llegan junto con su venida. Es el *Señor* Jesús quien se mostrará, no solo Jesús el *Salvador*. Vendrá a la tierra cargando sobre sí el
gobierno del cielo, ¡y la extensión de su imperio no tendrá fin!

Jesús no tiene la intención de visitarnos temporalmente sólo para
ver quien quiere salvarse. Él traerá su gobierno y su dominio sobre la
tierra (a través de sus hijos e hijas) y su reino nunca dejará de exten-
derse. ¡Él *nunca* le entregará el planeta a Satanás! Tomar los reinos
de este mundo se relaciona de alguna manera con traer orden a todo
el universo. Nuestro planeta es el último bastión de la rebelión y Él
aplastará al diablo en sus términos *aquí, en este planeta*. ¿Cuáles son
sus términos? Que sus débiles, necios, simples y completamente ena-
morados hijos e hijas finalmente despierten a su herencia y se vuelvan los instrumentos que aplasten a Satanás aquí y ahora.

Este despertar será tan profundo en su iglesia que ni las puertas
del infierno prevalecerán ante ello (vea Mateo 16:18). Por supuesto,
las puertas del infierno son pocisiones defensivas. Jesús tendrá una
generación que tomará toda la tierra que le ha sido dada y expul-
sará a Satanás del segundo cielo (de la cima de los montes) hasta el
infierno donde pertenece. Aparentemente, se sorprenderá de nuestra
capacidad para perseguirlo hasta el infierno mismo y aun sus puertas
no podrán detenerlos. Yo por mi parte pretendo exigirle a él y sus
lacayos una retribución personal en ese momento con toda la libertad
de acción que nos dé esa autoridad. Yo les debo algo a mucho de esos
demonios.

La diferencia entre la autoridad civil y la autoridad espiritual

Existe una confusión que tenemos que mencionar aquí, pues ya está causando desconcierto en naciones donde el monte del gobierno es tomado por hijos e hijas del Reino. La confusión surge por malentender la diferencia entre la autoridad civil y la autoridad espiritual. Cuando una persona conocida por su autoridad espiritual entra en una posición de autoridad civil, las personas transfieren erróneamente sus expectativas de un área a la otra.

La autoridad espiritual proviene de la posición de una persona ante Dios y se refiere a la influencia en los terrenos celestiales. También podría considerársela como la posición de influencia que aun tiene entre los creyentes. La autoridad civil también es dada por Dios, pero es muy diferente en su ejercicio. Alguien podría recibir del Señor la autoridad civil y a pesar de ello estar en ruta al infierno. La autoridad civil gobierna a la sociedad mientras que la espiritual rige a la iglesia y al reino espiritual. Muchos entienden este concepto bastante bien hasta que alguna persona establecida como autoridad espiritual llega a un puesto de autoridad civil y debe ejercer la autoridad de manera diferente.

Hace poco vi un ejemplo perfecto de lo anterior. En un país sudamericano, un pastor amigo mío entró en la política ya en la madurez de su vida. Como líder de una iglesia grande, tenía un ministerio bien establecido, una gran autoridad entre los creyentes y era bastante respetado en toda la nación. Cuando el Señor lo llevó a entrar a la política, de pronto fue empujado al centro de la vida nacional. Renunció a su iglesia para ocupar un cargo político importante desde el cual ahora está ayudando a establecer la agenda política de la nación.

Durante la temporada de elecciones se le preguntó si creía que se debería recurrir a la pena de muerte para un cierto crimen atroz, lo cual provocó algo de revuelo tanto en los círculos seculares como entre los cristianos. ¿Cómo puede un pastor estar *a favor* de la pena de muerte? Se preguntaron muchos. Dicho cuestionamiento surgió a causa de la confusión entre los dos tipos de autoridad. La expectativa era que mi amigo continuara representándose como autoridad espiritual cuando el tema en cuestión correspondía a la autoridad civil. Ni el mundo ni la iglesia supieron qué hacer con un pastor que apoyaba que se ejecutara a alguien.

Tuve la oportunidad de hablar sobre esta cuestión y utilicé Romanos 13:1-4 como base para comprender la situación:

"Sométase toda persona a las autoridades superiores; porque no hay autoridad sino de parte de Dios, y las que hay, por Dios han sido establecidas. De modo que quien se opone a la autoridad, a lo establecido por Dios resiste; y los que resisten, acarrean condenación para sí mismos. Porque los magistrados no están para infundir temor al que hace el bien, sino al malo. ¿Quieres, pues, no temer la autoridad? Haz lo bueno, y tendrás alabanza de ella; porque es servidor de Dios para tu bien. Pero si haces lo malo, teme; porque no en vano lleva la espada, pues es servidor de Dios, vengador para castigar al que hace lo malo".

ROMANOS 13:1-4

La anterior es un tema verdaderamente clave que no solo debemos comprender sino poder explicar a la sociedad secular. Cuando un ministro del Evangelio de Jesucristo acepta un papel civil, debe cumplir la responsabilidad ordenada por Dios para las autoridades civiles. Tanto la autoridad civil como la espiritual son establecidas por Dios, pero el ejercicio de las autoridad es muy diferente en cada caso. El papel de la autoridad espiritual es dirigir por el ejemplo y no por la fuerza (vea 1 Pedro 5:2), es una posición de liderazgo y confianza basada en la gracia y en ningún momento la autoridad espiritual puede utilizar su posición para dar fin a la vida de alguien. Dicha posición nunca requiere intimidar o usar la fuerza, excepto al enfrentar las fuerzas espirituales de iniquidad.

Por otro lado a un gobernante civil se le ha confiado una autoridad completamente diferente. Un objetivo central del llamado de un gobernante civil es lidiar contra el desorden y la delincuencia. Sembrar terror en los corazones de los malvados cumple un objetivo específico por el cual tendrá que rendir cuentas ante Dios. Tenga en cuenta que de acuerdo con el pasaje bíblico mencionado anteriormente "no en vano lleva la espada" y que es servidor de Dios al llevar esto a cabo. La espada no era para afeitar, era un instrumento de muerte. Aquellos que se encuentran en una posición de autoridad civil deben estar preparados para cumplir las exigencias provenientes de Dios en ese papel. Quienes no puedan hacerlo deberán permanecer en el terreno de la autoridad espiritual. Tal es una distinción importante.

Mi amigo pastor y político carga con los dos tipos de autoridad y solo necesita dejar en claro en qué calidad habla. Está a favor de la pena de muerte en casos extremos, pero él mismo no quisiera ser el que lleva a cabo la ejecución a causa de su rol reconocida como autoridad espiritual. Aunque es entrevistado con frecuencia a causa de su calidad como líder espiritual del país, debe estar dispuesto a declararse a favor de un castigo severo para los malvados, de otro modo, al país le daría miedo hacerlo presidente. Nadie quiere un líder civil que no esté dispuesto a resistir con la fuerza a quienes podrían hacerle daño a la población o incluso invadir al país.

Mientras escribo esto, el Presidente George W. Bush es un cristiano que también funge como líder civil de la nación más poderosa de la tierra. Su posición conlleva una gran responsabilidad (más allá de lo que muchos entienden). El estatus de "la nación más poderosa" es dado por Dios, pues de la misma manera en que Él pone a los líderes dentro de las naciones, también establece un liderazgo *entre* las naciones. Se dice que el presidente Bush depende de su andar personal con el Señor para recibir guía, pero es importante saber que tiene un mandato bíblico marcado por Dios de ejercer "la espada" para detener a quienes hacen el mal. Confrontar el mal y procurar justicia en la práctica son llamados centrales de quienes se encuentran en posiciones civiles de autoridad.

Un nuevo modelo de liderazgo nacional se desarrollará a medida que Dios exalte su monte sobre todos los demás. Habrá presidentes del tipo de José en las naciones, quienes detentarán una gran autoridad civil y también espiritual. En varios momentos, tales presidentes tendrán que repartirse en ambos papeles y tratar con las preocupaciones que cada uno representa. Habrá momentos para dirigirse a la nación y decir: "En estos momentos, me dirigiré a ustedes no como líder civil, sino en mi calidad de ministro y siervo de Dios". Entonces se podrá tratar con los asuntos morales y de rectitud de una nación hablando bajo la autoridad espiritual que Dios ha dado al líder.

Es necesario mencionar todo lo anterior aquí puesto que comprender la dinámica que hemos descrito será crucial conforme el Señor nos levante para dirigir nuestros países. No podemos ejercer el mismo tipo de autoridad sobre la nación que sobre la iglesia. De la misma manera en que los líderes civiles que hayan sido llamados a dirigir iglesias han tenido que ajustarse del modelo de autoridad civil hacia un tipo más benévolo de liderazgo espiritual, de la misma manera los líderes de la iglesia que han sido llamados al gobierno deben ajustar su manera de ejercer la autoridad. Debemos comprender la interacción y los límites de los modelos de autoridad civil y de autoridad espiritual.

El enfoque múltiple para tomar el monte

El monte del gobierno es tan extenso, que sería imposible delinear todas las estrategias que el Señor podría revelar para marcar su cima como objetivo. Podría colocarnos detrás de políticos justos ya consolidados o que se estén levantando, o hacernos formar nuevos partidos políticos que Él levantará a través del tsunami de gracia, o que financiemos esfuerzos para implementar cambios jurídicos o también que busquemos y apoyemos a quienes tengan gracia apostólica para este monte. Él revelará infinidad de estrategias para la política local, estatal y nacional. Sin importar la estrategia específica, lo principal es llevarla a cabo desde nuestra identidad como hijos o hijas del reino. Este es un ministerio espiritual y una operación del Reino de Dios.

Debemos acercarnos a este monte de nuestra posición de ciudadanos del cielo (vea Filipenses 3:20). En los últimos días, el Señor utilizará ciudadanos del cielo viviendo en la tierra para exaltar su monte sobre las demás. Dicha ciudadanía debe trascender nuestra nacionalidad aunque esta siga siendo importante, pues establece un campo específico en el cual debemos estar activos. No obstante, es nuestra ciudadanía del cielo comprada por nuestro Rey, y que nos consume un profundo amor por Él, lo cual nos coloca en la posición de poder recibir una estrategia fortalecida del cielo para acelerar el cumplimiento de la oración que dejó dicha mientras estuvo en la tierra: "Venga tu reino. Hágase tu voluntad, como en el cielo, así también en la tierra" (Mateo 6:10).

Cuidado con las estrategias de la carne

Aquí es importante que advirtamos sobre las estrategias de la carne que surgen del pensamiento humano y carnal. La mente natural está enemistada con Dios y no puede ser la fuente de una idea de Dios (Romanos 8:7).

"Porque ¿quién de los hombres sabe las cosas del hombre, sino el espíritu del hombre que está en él? Así tampoco nadie conoció las cosas de Dios, sino el Espíritu de Dios. Y nosotros no hemos recibido el espíritu del mundo, sino el Espíritu que proviene de Dios, para que sepamos lo que Dios nos ha concedido, lo cual también hablamos, no con palabras enseñadas por sabiduría humana, sino con las que enseña el Espíritu, acomodando lo espiritual a lo espiritual. Pero el hombre natural no percibe las cosas que son del Espíritu de Dios, porque para él son locura, y no las puede entender, porque se han de discernir espiritualmente. En cambio el espiritual juzga todas las cosas; pero él no es juzgado de nadie. Porque ¿quién conoció la mente del Señor? ¿Quién le instruirá? Mas nosotros tenemos la mente de Cristo."

1 CORINTIOS 2:11-16

Las estrategias de la carne son probablemente la mayor trampa que enfrentaremos al tomar los montes de nuestras naciones. Casi cada movimiento de Dios es antecedido de una salida en falso producida por tácticas humanas. Esto se aplica a mucho de lo que vemos como "apostólico" en la actualidad. Una estrategia de la carne surge de centrarnos en una revelación o promesa de Dios e intentar llevarla a cabo mediante la carne. Por lo general, es muy lógica y atractiva para el hombre natural pero no conlleva ningún poder de Dios que la acompañe y en última instancia entrará en conflicto con lo que provenga del Espíritu.

Un ejemplo perfecto de lo anterior es la historia de Abraham y la promesa de Isaac. Abraham era un hombre de Dios que recibió la promesa de un hijo llamado Isaac. Cuando la estrategia proveniente de Dios (concebir este hijo mediante su esposa Sara en su vejez) parecía tardar mucho, recurrió a una estrategia de la carne. Intentó cumplir la promesa de Dios mediante Agar, la sierva de Sara. Todo lo que se produjo con ello fue a Ismael, quien se convertiría en el mayor antagonista de Isaac bajo su propio techo.

Cómo se determina la estrategia

¿Como se juzga la fuente de una estrategia? Con frecuencia se requieren años de escuchar y obedecer a Dios para aprender a discernir la diferencia entre lo que proviene de la carne y lo que proviene del Espíritu. Para recibir una estrategia de Dios, debemos comenzar con un vacío ante Dios, lo cual debe ser seguido por un período en el cual le pidamos la estrategia al Señor, sin fijar un límite de tiempo. Dios puede responder de inmediato o tardar. El período de espera tiene el propósito de que Dios elimine en nosotros toda la confianza en la carne que podría ser una trampa en potencia.

Una estrategia dada por Dios para cualquier fin siempre tendrá algo de lo que es imposible en ella. Si su estrategia es completamente posible, entonces no proviene de Dios, pues usted podría hacerlo sin Él. Una estrategia de Dios siempre requerirá la activación de la fe, pues sin ella es imposible agradar a Dios (vea Hebreos 11:6). También es imposible tener acceso al ámbito de lo sobrenatural si no se tiene fe. La fe es esencial para tomar el monte del gobierno así como cualquier otra. Como hemos visto, la prueba de fe de Abraham fue que una mujer con un vientre estéril concebiría un hijo. La lógica (la mente natural) le dijo que la mujer fértil tendría que ser la fuente (la solución de Agar). Dios no pudo honrar lo que provino de la sabiduría del hombre.

La estrategia de oración

Una estrategia que Dios ya ha revelado para todo en la vida es que debemos comenzar y terminar en oración. Debemos reconocer constantemente cuando en verdad somos impotentes y demasiado débiles para lograr algo. Aun Jesús (Dios encarnado) necesitaba oración continua sin la cual no podía avanzar a causa de sus restricciones humanas. Constantemente se apartaba para orar y antes de su prueba final en la cruz se mantuvo en penosa e incesante oración en Getsemaní.

Las Escrituras también son claras con respecto a la prioridad de la oración por los líderes políticos:

"Exhorto ante todo, a que se hagan rogativas, oraciones, peticiones y acciones de gracias, por todos los hombres; por los reyes y por todos los que están en eminencia, para que vivamos quieta y reposadamente en toda piedad y honestidad".

1 Timoteo 2:1-2

Este pasaje establece una prioridad de lo que debe hacerse antes que otra cosa: orar por quienes están en autoridad, lo cual es particularmente revelador cuando nos damos cuenta de que Nerón, uno de los más malvados y traicioneros emperadores de Roma era quien gobernaba cuando Pablo escribió esta cita.

Muchas naciones se encuentran en fases distintas de progreso dentro del plan de Dios para el fin de los tiempos. Recordemos que será en los últimos días cuando Dios comience a tomar naciones a través de sus ciudadanos del cielo en la tierra. Todo comienza con una fuerte cobertura de oración sobre los reyes o presidentes actuales. Es importante que se nos pida que demos gracias hasta por los indeseables (recordemos que Pablo lo escribió en el tiempo en que reinaba un emperador asesino de cristianos). Así que nuestra cobertura de oración sobre el puesto clave de liderazgo de una nación debe comenzar con gratitud por lo que sea rescatable incluso en los peores gobiernos. Conforme establecemos un manto de oración sobre el cargo mismo, la ayuda del cielo se libera en ese campo. Nuestras oraciones de cobertura comienzan a neutralizar el acceso del infierno a ese cargo.

Lo que mencionamos puede verse en juego en el libro de Ester, donde un rey malvado (como lo describe la historia) es movido a promulgar decretos justos a través de la intercesión de una mujer justa (Ester). No siempre es necesario que un cristiano sea quien detente un cargo para que de dicho cargo provengan juicios justos. Guerreros de oración comprometidos pueden imponer la voluntad del cielo y lograr que se separe lo precioso de lo vil (vea Jeremías 15:9). Sin importar lo trabajosa o difícil que sea la tarea de tomar el monte de gobierno de una nación, la oración es el ingrediente más poderoso de cualquier estrategia, pues debe desalojar y desplazar. Los pasos de acción son para asegurar que no exista ningún vacío después del desalojo de lo que gobierna injustamente.

La estrategia de acción

Las estrategias de oración deben estar acompañadas o seguidas de cerca por pasos reales de acción. Como dijo Santiago: "la fe, si no tiene obras, es muerta" (Santiago 2:14-26). En cierto punto, se debe demostrar la fe con acción. Lo que esto significa para nosotros es que no solo podemos tener una estrategia de oración para derrotar a Lucifer, sus gergeseos y sus peones humanos. También debemos trabajar para levantar lo que mantendrá al enemigo alejado.

Si Washington D.C. es la cima geográfica del monte, entonces en algún punto debemos embarcarnos en una invasión santa hacia ese bastión. Podemos ver que eso ya está sucediendo con nuevos ministerios que llegan e invierten mucho tiempo en el área de Washington. Tanto los guerreros de oración, como los llamados a ser los nuevos rostros visibles del monte, necesitan invadir.

Si Harvard es uno de los semilleros de las generaciones futuras que ocuparán la cima del monte de la política, entonces dicha escuela necesita ser parte del enfoque múltiple de acción. Necesitamos una hueste de revolucionarios de Elías que asistan a esa escuela y lleven el orden del cielo a ese lugar (una estrategia que discutiremos en mucho mayor detalle en el siguiente capítulo). Tener cristianos en Harvard no es un concepto nuevo, pero ir con la identidad de los revolucionarios de Elías en ese campus, sí lo es. Éstos viven de su identidad de embajadores del Rey. Son, antes que nada, ciudadanos del cielo y solo en forma secundaria se consideran ciudadanos de sus naciones. Un revolucionario llevará un celo por la rectitud y la justicia del Señor (lo cual es el fundamento de su trono [vea Salmos 97:2]). Harvard arderá de nuevo con una rectitud para transformar gobiernos que traerán luz a las naciones del mundo. Conforme escribo, veo proféticamente todo lo anterior para Harvard y constituye una parte clave de la estrategia de acción para tomar la tierra que el Señor nos ha dado en la cima del monte del gobierno.

LOS AMORREOS Y EL MONTE DE LA EDUCACIÓN

A L FINAL DEL CAPÍTULO pasado, discutimos el papel de Harvard y su impacto en el gobierno. Harvard es una intersección significativa entre el monte del gobierno y la educación. Desde luego, todo los montes están interrelacionados en algún grado, cada uno influye en las demás. Es sencillo pensar que con sólo tomar el monte de lo medios, por ejemplo, nos haremos cargo del resto y en cierta medida podría ser. También podríamos decir que tomar el monte del gobierno nos daría los demás. La toma de cada uno de los montes da un enorme impulso da un impulso ganar el corazón y la mente de la humanidad. Ahora, conforme ahondemos en el monte de la educación, veremos lo importante e influyente que puede ser.

¿Qué es la educación?

La educación es una serie de conocimientos o habilidades obtenidos o desarrolladas mediante un proceso de aprendizaje. En muchas maneras, en el Oeste ha sido secuestrada de sus objetivos originales. Este monte ha sido infiltrado y tomad por fuerzas opuestas a las que originalmente deberían estar en ella. La mayor parte de las instituciones educativas de Estados Unidos tenían el objetivo de servir como lugares de entrenamiento y admonición en el temor de Dios. Instruían en el contexto de un paradigma del mundo que colocaba a Dios en el centro de la vida como Aquel en torno de quien todos debemos girar. Dios era el cimiento de todas las áreas del aprendizaje.

La primera escuela pública de Estados Unidos fue establecida en 1635 por el conocido ministro puritano John Cotton. Prácticamente, todas las primeras escuelas públicas tuvieron ministros como directores. La lectura, la escritura y la aritmética siempre eran de valor secundario en comparación a la instrucción sobre los caminos de Dios. Para prepararse para la vida en este mundo, los estudiantes tenían que saber cómo relacionarse con Dios y cómo girar alrededor de quien es Él y lo que Él espera de nosotros.

Harvard, William and Mary, Yale y Princeton son las cuatro instituciones más antiguas de enseñanza en Estados Unidos, cada una ha producido notables líderes y presidentes y las cuatro se han alejado mucho de sus raíces. Necesitan ser llevadas de vuelta a su destino original.

La Universidad de Harvard se formó en 1636. El principal donador para su fundación fue un clérigo de nombre John Harvard de quien la universidad obtuvo su nombre. Es la institución educativa más antigua de Estados Unidos y se estableció con el propósito de formar ministros y eruditos con valores puritanos. Su lema es *Veritas* que significa *verdad*. En la actualidad, esta universidad cuenta con los mayores fondos del mundo ($27,600 millones de dólares). Siete presidentes estadounidenses, incluyendo a George W. Bush asistieron a Harvard. Se le puede considerar la institución educativa más prestigiosa del mundo.

La Universidad William and Mary se estableció en 1693 y sigue a Harvard en antigüedad. Originalmente, fue fundada como escuela anglicana. Se requería que sus directivos fueran miembros de la Iglesia Anglicana y que se adhirieran a sus treinta y nueve artículos. Tres presidentes estadounidenses se educaron ahí.

La Universidad de Yale fue fundada en 1701 por diez ministros y es la tercera institución educativa en antigüedad. Sus fondos solo los supera Harvard. Jonathan Edwards, el gran teólogo, promotor del avivamiento y líder del Gran Despertar asistió a Yale (la escuela de teología alberga al Centro Jonathan Edwards dedicado al estudio de sus obras). Cinco presidentes estadounidenses asistieron a Yale (George W. Bush es reconocido como miembro de Yale y Harvard, pues fue pasante de la primera y se graduó de la Facultad de Negocios de la segunda).

La Universidad de Princeton se formó en 1746, y es la cuarta universidad más antigua de Estados Unidos. Su lema es "Bajo el poder de Dios ella florece". Princeton fue constituida por los presbiterianos y tenía el objetivo de capacitar ministros presbiterianos. Jonathan Edwards fue presidente de Princeton por una corta temporada en 1758, justo antes de morir por una inoculación contra la viruela. Cuatro presidentes estadounidenses salieron de Princeton.

Estas cuatro universidades por sí solas son responsables de dieciocho presidentes estadounidenses y de muchos, muchos otros gobernantes en varias naciones. Se encuentran cerca de la cima del monte de la educación. Aunque deberían ser un baluarte de la influencia del Reino en el mundo, son, en cambio, un bastión para el liberalismo, el cual se manifiesta como una filosofía que desplaza a Dios del centro y coloca al hombre en su lugar.

Un artículo del *Washington Post* informó que 72 por ciento de los profesores dentro de nuestras instituciones de educación superior se autodenominan liberales frente a un 15 por ciento de conservadores.[1] De nuevo, "conservador" no es igual a "Reino de Dios", pero sí comparten muchos valores similares.

Al limitar las estadísticas solo a las escuelas de élite que se mencionan arriba, el desequilibrio es todavía peor. ¡En estas escuelas, los maestros liberales (de nuevo, quienes se autodenominan como tales) constituyen 87% del total! En esencia estamos dejando a nuestros jóvenes a merced de una adoctrinación humanística (con frecuencia atea) cuando asisten a las universidades más antiguas y respetadas del país. Lamentablemente, aun la mayor parte de nuestras universidades y colegios cristianos mantienen una perspectiva que no es precisamente la del Reino. Nuestros seminarios con frecuencia llegan a ser más tóxicos que las instituciones liberales, pues los estudiantes entran con la suposición de que aprenderán más de los caminos de Dios y en cambio encuentran un enfoque humanístico de la Biblia.

¿Quién gobierna la educación?

La tercera nación enemiga de Israel en la Tierra Prometida fueron los amorreos (vea Deuteronomio 7:1). La palabra *amorreo* significa "jactarse; resaltar; escalador; actuar con orgullo; orgullo en el corazón".

En su conjunto, las definiciones anteriores describen el pensamiento básico del humanismo. Los amorreos deben ser derrotados para tomar el monte de la educación.

El humanismo es una filosofía ética que tiene como prioridad las cualidades humanas universales especialmente el intelecto y se encuentra fortalecida por el racionalismo. El humanismo rechaza la validez de las justificaciones trascendentales tales como la dependencia de la fe, lo sobrenatural o las verdades reveladas por la divinidad. La filosofía griega y sus filósofos son la fuente intelectual de tal forma de pensar, la cual llegó a dominar las sociedades occidentales durante la ilustración del siglo XVIII que hacía énfasis en la razón como la única fuente legítima del conocimiento. Desde luego, los principados y potestades demoníacos son la maldad espiritual de los lugares altos que están detrás de estos *ismos*.

El gemelo siamés del humanismo es el ateísmo (la creencia en la inexistencia de Dios). Pronto, ya no tendremos que lidiar con esto, los juicios de Dios serán tan manifiestos que no habrá duda de su existencia, la única cuestión será ¿qué hacer al respecto, inclinarse ante Dios o ser destruido? En realidad será así de sencillo.

El liberalismo imperante es la máscara política del humanismo (estoy consciente de que *liberalismo* significa cosas diferentes para diferentes personas, y que en algunos países de hecho se refiere a la perspectiva más conservadora; aquí la uso en el contexto de la ideología política estadounidense). Veo al liberalismo como la máscara de estas filosofías porque en este es posible creer en Dios de manera teórica sin tener que aceptar ninguno de sus estándares (la santidad de la vida, tener relaciones sexuales solamente dentro del matrimonio heterosexual, etc.). El liberalismo sigue introduciendo versiones nuevas y mejoradas de Dios, cuyos valores morales parecen acomodarse a las preferencias de la sociedad liberal. Si su perspectiva es acertada, Él ya no valora la institución del matrimonio que creó, y en cambio, Él ve como válido que hagamos lo que tengamos ganas de hacer (es interesante que el lema de la Biblia Satánica sea "Haced como os plazca"). El "Dios" del liberalismo no necesariamente creó al mundo, pero existe en cierta forma esotérica.

El humanismo engendra mucha hipocresía filosófica. Las mismas personas que abogan por la libertad sexual total en la elección de compañeros y orientación también son las voces más sonoras de indignación y horror ante el número de niños en esclavitud sexual y de huérfanos a causa del sida en el mundo. Viven negando el hecho de que las llamadas libertades que defienden son una de las causas principales de aquello por lo que se indignan. Una vez que se deja de girar en torno al Creador, se está en verdad perdido. En el humanismo Dios debe girar en torno al hombre, si es que existe en lo absoluto.

El rey de los amorreos

Los amorreos que ocupan el monte de la educación son el humanismo y sus derivados: el racionalismo, el liberalismo y el ateísmo. Dichos *ismos* son las mentiras que promueve cierto principado asentado en la cima del monte y que gobierna sobre su ejército amorreo. Hablo de *Belcebú*, cuyo nombre significa "Señor de las moscas", pues las moscas son atraidas a la basura humanista que le da de comer. Él es el Baal de las mentiras, y aparentemente es un lugarteniente de Lucifer aunque podría ser sencillamente otro rostro de Satanás o Satanás mismo. Sin importar su identidad exacta, la denotación de su nombre nos permite comprender su arma: las mentiras, disimulando como si fueran comida saludable. Todas las mentiras efectivas conllevan una porción importante de verdad: para el ratón, el queso lo lleva al veneno que lo habrá de matar. *Belcebú* ha puesto ratoneras a lo largo de las diferentes esferas de la educación. No es necesario detallar las ratoneras de la filosofía, pues sería una tarea interminable y tediosa en la que muchos llevan años trabajando. Dios está a punto de activar todas las trampas al establecer una verdad central que pronto resonará en todo el mundo. Las verdades de Dios que contrarrestan las mentiras de *Belcebú* son:

- Dios existe.
- Está activo en los asuntos de los hombres.
- Tiene estándares definidos de conducta moral.
- Es necesario aceptarlo o experimentar su ira.

Los juicios de Dios tienen el objetivo específico de contrarrestar y neutralizar los engaños de Satanás. Los juicios venideros estarán dirigidos de una manera tan evidente a la condición pecaminosa de cierta área, cuidad, región o nación que no cabrá duda de si ha sido Dios o no quien los produjo; quienes mueran en su pecado serán quienes nunca vieron la conexión. Por ello, Nueva Orleáns fue vulnerable y podría volver a serlo, y por la misma razón San Francisco es tan vulnerable. Ciertas naciones están más expuestas a los juicios profundos que serán una marca principal de los últimos días.

Sus justos obrarán en conjunto con los tsunamis espirituales de Dios para traer cambios revolucionarios a las ciudades y las naciones. Dios ha exhortado a las naciones a través de su Iglesia y de la predicación del Evangelio y ahora exhortará a las naciones con sus juicios justos. Los juicios serán actos de gracia al principio, exhortaciones al arrepentimiento, y al final serán devastadores, pues irán contra quienes, sabiendo que Él es Dios y lo que Él busca, endurezca el corazón de ellos.

Habrá una conexión directa entre el monte de la educación que esté siendo tomado y los juicios de Dios que se hagan manifiestos. Isaías 26:9-10 habla específicamente de los habitantes del mundo que deberán aprender la justicia. Cuando los justos gobiernen en este monte, lo primero que harán será instruir en la rectitud. El temor de Dios es el principio de la sabiduría y la sabiduría es la meta de la educación. No puede haber sabiduría verdadera si no se empieza con un temor adecuado del Señor el cual consumirá las mentiras de *Belcebú*. Si *Belcebú* o los amorreos son el príncipe de Grecia que se menciona en Daniel 10:20 o un colaborador de dicho príncipe, la educación se verá profundamente afectada, pues el príncipe de Grecia es la fortaleza detrás de la mentalidad del racionalismo.

La importancia de los maestros

En los primeros dos montes, el de los medios y el gobierno, mencioné el papel clave de los dones bíblicos de evangelistas y apóstoles. Para tomar el monte de la educación, el don de maestro es muy importante. Estos maestros deberán operar en el poder del Espíritu Santo y no sencillamente ser capacitados en lo secular. Su rol bíblico es instruir en los caminos del Señor y los dones espirituales hacen a los maestros capaces de eliminar las mentiras del enemigo sobre este monte.

Como iglesia, tenemos una necesidad mucho mayor de tener maestros con dones espirituales en el sistema educativo que en las iglesias, aunque ello por sí sólo no sea suficiente. También será necesario reformar el sistema de certificación y el programa escolar mismo.

De izquierda a derecha

Todo lo que Satanás tiene que hacer es vendernos una mentira filosófica y él entonces puede tomar cautivo el monte completo. En el presente, a través de Belcebú y los amorreos, nos tiene viviendo y experimentando la educación a través del hemisferio izquierdo del cerebro.

Nacemos con un procesador cerebral derecho y uno izquierdo, lo cual significa que ambos lados de nuestro cerebro procesan la información de una manera completamente diferente.

El izquierdo es verbal y procesa la información de manera analítica y secuencial, primero toma los fragmentos individuales de información y después los reúne para formar un todo, procesa los pensamientos paso a paso y las palabras son su manera principal para comunicar la información. Este lado del cerebro es altamente organizado y le gustan las listas, la planeación, las reglas y guardar la hora; le gusta observar, es lógico, secuencial, racional, analítico y objetivo. El cerebro izquierdo escucha lo que se dice y se comunica verbalmente.

Sin embargo, nuestro procesador derecho es visual y procesa la información de manera intuitiva y simultánea. Primero observa la imagen en su conjunto y después examina los detalles. La corteza cerebral derecha está conectada a la izquierda por medio de fibras nerviosas que permiten el paso de los mensajes entre los dos. El hemisferio derecho es el procesador creativo mientras que el izquierdo recupera de manera robótica los datos que tenga almacenados. A diferencia del enfoque metódico del hemisferio izquierdo, el derecho lo procesa todo a la vez. Las imágenes (mentales) son los recuerdos clave. El cerebro derecho no está altamente organizado, sino que responde a las asociaciones libres, le gusta saber el *porqué* de las cosas, no es sensible al tiempo, disfruta participar, tocar y sentir, le fascinan los patrones, las metáforas, las analogías, los juegos de rol y lo visual; puede ser subjetivo y aleatorio; también presta mayor atención a *cómo* se dijo algo y por ello ayuda a nuestra inflexión vocal y manierismos.

Al entrar a la escuela, la mayoría de los niños procesan y piensan predominantemente con su hemisferio derecho,[2] algo que cambia dramáticamente al poco tiempo de entrar a nuestro sistema educativo. Después de solo un par de años de educación formal, en más de 90% de los niños domina la parte izquierda y para el momento en que se gradúan de la escuela media-superior, la cifra se eleva a más de 98%. Mientras más avancen en la educación superior mayor será el dominio de dicho lado del cerebro y tras maestrías y doctorados, apenas seguirá existiendo un remanente de pensamiento del hemisferio derecho.

	Hemisferio izquierdo	Hemisferio derecho
Idioma	Palabras	Imágenes
Procesamiento	Analítico	Intuitivo
Concepto del tiempo	Secuencial	Simultáneo
Preguntas favoritas	¿Qué?	¿Por qué? y ¿Cómo?
Modo de aprendizaje	Observar	Participar
Perspectiva	Objetiva	Subjetiva
Expresión	Lógica	Creativa

La mayor parte de las pruebas de aptitud escolar y coeficiente intelectual miden las capacidades cerebrales izquierdas: el pensamiento abstracto, las matemáticas y la lógica inferencial, por ejemplo. Nuestro sistema educativo determina la inteligencia de los estudiantes casi exclusivamente a base de la destreza de su hemisferio izquierdo. Nuestro sistema educativo es tóxico para el procesador cerebral derecho y nos hace cambiar de lo natural, que es el uso predominante del hemisferio derecho, por el izquierdo.

En diversas ocasiones, la mayoría de nosotros puede ser capaz de identificar impulsos provenientes de ambos lados, pues cada uno tiene voz, el problema es que cuando se condiciona y estimula a que un lado domine, invariablemente se fuerza al débil a someterse. Para muchas personas, el cerebro derecho funciona principalmente como la voz regañona que nunca escuchamos.

Por lo común, las mujeres en particular están constituidas de tal manera que puede costarles trabajo apagar la información proveniente de su hemisferio derecho. Por ejemplo, pueden sentir algo con respecto a alguien, lo cual puede volver loco a su esposo porque en él domina el hemisferio izquierdo. Los hombres suelen considerar la intuición como una función cerebral inferior aunque es la manera perfecta de funcionar para la otra mitad del cerebro; por ello, muchas mujeres tienen una mejor capacidad para las relaciones ya que no pueden ignorar la información proveniente de su lado derecho, sin importar cuánto se esfuerce el sistema educativo de arrancarles esa facultad. Aunque el sistema educativo quizá haya intentado lograr que ella suprima su confianza en su intuición, las más de las veces dependerá de ella en asuntos de relaciones personales. Al reprimir el hemisferio derecho, una meta del principado demoníaco también ha sido reprimir a las mujeres al menospreciar sus capacidades mentales.

¿Qué es el pensamiento del reino?

¿Qué tiene de malo que el hemisferio izquierdo sea el dominante? Si no comprende todas las implicaciones que se derivan de la manera en que estamos entrenados para pensar, quizá no pueda ver cuál es el problema. Repasemos algunos versículos para entender más al respecto.

Jesús llegó en medio de una cultura que privilegiaba el hemisferio izquierdo, la cual estaba completamente dominada por el pensamiento griego. En otras palabras, el racionalismo prevalecía. Hasta la cultura hebrea orientada al lado derecho había sido influida por la dominancia de tal forma de pensar. Ese fue el escenario en el cual apareció Dios encarnado, cuyo ministerio fue anunciado antes por Juan el Bautista:

"En aquellos días vino Juan el Bautista predicando en el desierto de Judea, y diciendo: Arrepentíos, porque el reino de los cielos se ha acercado".

MATEO 3:1-2

Jesús mismo dijo lo siguiente al comenzar su ministerio en el capítulo cuatro:

"Desde entonces comenzó Jesús a predicar, y a decir: Arrepentíos, porque el reino de los cielos se ha acercado".

Mateo 4:17

Los pasajes anteriores están diciendo un poco más de lo que la mayoría de nosotros nos hemos dado cuenta. Juan el Bautista llega y dice en resumen: "Arrepiéntanse, están a punto de ver manifestarse el dominio y el reino del cielo". Jesús llega y utiliza la misma palabra, *"arrepentíos"*. Siempre hemos comprendido que arrepentirse significa lamentar nuestros pecados; no obstante, la palabra original en griego es un mandato mucho más profundo. *Metanoeo* (la palabra original en griego) significa literalmente "cambiar la mente, pensar de manera diferente, hacer una reflexión sobre nuestra forma de pensar", todo lo cual tiene que ver con la mente. Juan y Jesús se referían, al menos en parte, al pensamiento griego que prevalecía en esos tiempos, Juan preparó el camino para el Señor diciendo: "Oigan, damas y caballeros, un hombre enviado desde el cielo está a punto de llegar y va a sorprenderlos con lo que diga y haga. Si siguen funcionando con su 'procesador izquierdo' no van a entenderlo, porque va a romper con todo lo que han aprendido con él".

Entonces apareció Jesús, quien dijo lo mismo y comenzó a demostrar de qué estaba hablando. Fue como si dijera: "Más te vale comenzar a usar la parte derecha de tu cerebro o vas a resistirme y perderte de lo que tengo que mostrarte sobre el Reino de los cielos. Te voy a mostrar el dominio del Rey y tu pensamiento griego será desechado. Se te ha enseñado que uno más uno es dos y que dos más dos son cuatro, yo te voy a mostrar que uno puede echar fuera a mil y que dos pueden contra diez mil. Te voy a mostrar cómo dos pesces y cinco panes pueden alimentar a más de cinco mil y sólo para jugar con tu cerebro izquierdo, ¡sobrará más de lo que había en primer lugar! Voy a hacer que el ciego vea por medio de escupir en la tierra y frotar el lodo en sus ojos. También voy a sanar a un paralítico al decirle que sus pecados le son perdonados. Voy a hablarle a las tormentas (¿te enseñaron eso en la escuela?) y me obedecerán, voy a desafiar las leyes de la física y voy a caminar sobre el agua. Además de todo esto, te enseñaré el opuesto filosófico de lo que has aprendido, te diré que si quieres ser grande deberás volverte nada, que si quieres vivir debes morir, que si quieres subir, deberás bajar, si quieres aprender a ganar amigos e influir en las personas deberás apartar tus ojos de los amigos y de la gente y darte cuenta de qué influye en el terreno de lo invisible. Entonces voy a elegir y entrenar a doce pescadores anticuados de caracter cuestionable para usarlos como la antítesis de todo lo que te han enseñado a valorar. Después, haré mi entrada triunfal a Jerusalén sentado en un asno, y eso, para asegurarme de que se le funda un fusible a tu procesador izquierdo. Para remate, voy a proclamar mi señorío sobre este mundo al permitir que me golpeen brutalmente, me escupan y me humillen para que mediante mi muerte todos puedan vivir. Más te vale *metanoeo* ahora o sencillamente no lo entenderás y tampoco a mí ni a las bendiciones del mismo Dios que te creó. Tu mente natural y la manera en que funciona en este momento son totalmente contrarias a mí y a lo que traigo".

Es importante que nos enfrentemos a ciertas realidades acerca de pensar con los distintos hemisferios cerebrales. Cuando el lado izquierdo se vuelve dominante, relega lo que proviene del Espíritu de Dios. El cerebro derecho no es el Reino de Dios, pero es parte del cerebro que Dios ha creado para estar abiertos y responder a sus caminos, es la chimenea a través de la cual se tiene acceso a la fe, algo que el lado izquierdo no puede hacer. Es posible citar todos los textos que hablan de fe y comprender su lógica, pero solo el lado derecho puede manejar la sustancia real de la que está hecha, lo cual, desde luego, es algo enorme pues la Biblia nos dice que "sin fe es imposible agradar a Dios" (Hebreos 11:6) y que "todo lo que no proviene de fe, es pecado" (Romanos 14:23). Tenemos acceso al fruto del Espíritu: amor, gozo, paz, etc., solo a través del cerebro derecho. El hemisferio izquierdo puede entender la lógica de la paz, por ejemplo, pero solo el derecho puede obtener y experimentar la paz que sobrepasa todo entendimiento.

Casi todo lo que Jesús hizo o dijo estaba dirigido al hemisferio derecho, sus principios eran lo opuesto al pensamiento griego y su poder desconcertaba los cálculos griegos. La manera en que utilizaba sus técnicas de poder era confusa, ya que no se registraron dos milagros suyos que fueran hechos de la misma manera; con frecuencia hablaba en parábolas, imágenes verbales que agradan al hemisferio derecho, y a menudo decía cosas que frustraban a la gente orientada a su hemisferio izquierdo como "el reino de los cielos es semejante a un tesoro escondido en un campo [...]" (Mateo 13:44). De hecho, *todas* sus descripciones del Reino de Dios fueron imágenes, historias o metáforas.

En definitiva, Jesús no era anti-intelectual, pero estaba en contra del intelecto dominado por el hemisferio izquierdo y nosotros, hechos a su imagen, estamos constituidos para responder a la lógica del cielo. Añoramos lo sobrenatural, lo invisible, y que lo imposible se vuelva posible y que venga el Reino de Dios. Hemos sido cegados a los verdaderos deseos de nuestros corazones al ser adoctrinados en el escepticismo, la duda, y la incredulidad, todo lo cual se vuelve nuestra condición cuando domina el lado izquierdo del cerebro. Hemos sido fortalecidos por de más en el arbol de la ciencia del bien y del mal.

El hemisferio izquierdo está diseñado para servir a los intereses del derecho, se supone que debe organizarnos y mantener consciencia del tiempo mientras tenemos acceso a la realidad mediante el hemisferio derecho. En lugar de someter el cerebro derecho al racionalismo del izquierdo, se nos creó para someter el cerebro izquierdo a las percepciones del derecho.

El desarrollo de un nuevo programa de estudios

El problema del dominio del hemisferio izquierdo nos ha afectado en más maneras de las que imaginamos, es una de las fortalezas que más han impedido que la iglesia vea más de Dios y de su poder en muchas áreas de la vida. El pensamiento con el hemisferio izquierdo da forma a todas nuestras instituciones educativas (hasta nuestros seminarios), determina las carreras que valoramos (comparemos, por ejemplo, el nivel salarial de abogados, doctores con el de pintores, músicos y escritores), así como el tipo de hombres con quienes deseamos que se casen nuestras hijas (¿cuántos padres animan a sus hijas a encontrar un buen poeta?). Las recompensas de la sociedad generalmente están reservadas para quienes usan mejor su hemisferio izquierdo, exceptuando el porcentaje menor al 1% de atletas, artistas y personajes de la farándula que logran tener mucho éxito y que son relativamente raros. Este diseño es manipulado por principados y potestades.

Así que la labor de tener maestros cuyos dones provengan del Espíritu es mucho más profunda de lo que parece a primera vista, pues no solo necesitamos que haya maestros disponibles en el mundo para ser una influencia cristiana, no solo necesitamos personas que defiendan el creacionismo y los diez mandamientos, sino que todo el sistema está diseñado de manera incorrecta a causa de la obsesión por un programa educativo que privilegia el hemisferio izquierdo. El creacionismo puede parecer increíble si se vive en el hemisferio izquierdo y no se tiene acceso a lo que proviene del Espíritu de Dios a través del hemisferio derecho. El lado izquierdo está condicionado por *Belcebú* y el príncipe de Grecia para rechazar la idea de un Dios creador. El dominio del lado izquierdo descarta las respuestas sobrenaturales para cualquier cosa, tiene una manera teórica de entender lo sobrenatural, pero no es capaz de comprenderlo prácticamente. Irónicamente, se requiere un mayor salto de fe para creer en la teoría de una gran explosión (la teoría del "Bing Bang") desligada de Dios, que en el creacionismo.

Dios va a levantar una nueva camada de maestros revolucionarios que invadan el monte de la educación. Habrá maestros que ardan con pasión y estén llenos del Espíritu Santo, quienes tengan los dones y la capacidad para reformar por completo la educación. El tener maestros cristianos lógicos, analíticos e inexpertos en las cosas del Espíritu no nos será de mucha ayuda, necesitamos que los maestros reciban el bautismo de fuego o que sean remplazados por quienes puedan representar el Reino de Dios de una mejor manera. Los nuevos revolucionarios de la educación desarrollarán nuevos programas de estudio que serán atractivos y reveladores hasta para el mundo secular que está comenzando a admitir que el sistema actual sofoca la creatividad y aburre la mente.

Se podrá ver un sistema educativo radicalmente nuevo que refleje un cambio del dominio del pensamiento del lado izquierdo al derecho y será aceptado con entusiasmo ya que los niños lo disfrutarán mucho más que el anterior (y porque estimular el lado creativo de los niños hará que en muchos de ellos sean evidentes sus talentos geniales). El apetito de los niños por lo sobrenatural ya es insaciable, como es posible apreciar mediante la manera en que acuden a las películas, video juegos, libros, revistas y programas de televisión con temas sobrenaturales. Tal es la manera en que Dios ha constituido a esta generación: los ha preparado para esperar y recibir lo sobrenatural. La iglesia puede brindar lo verdadero en su contexto adecuado o seguir permitiendo a los medios y al ocultismo alimentarlos con falsificaciones. Si no profetizamos, recurrirán a las redes psíquicas, si no sanamos buscarán curanderos con curas milagrosas, si no los llevamos a la presencia de Dios, encontrarán algo que lo sustituya (la nueva era, las drogas, la música, Harry Potter o lo que sea) para estimular su corazón inerte. De alguna u otra manera, esta generación escapará de la esterilidad del hemisferio izquierdo en nuestra cultura. La manera en que Dios ha preparado a esta generación hace que esté madura y lista para una reconstrucción total. La oportunidad de derrocar a quienes ocupan la cima de este monte que exalta la razón humana y el hemisferio izquierdo, la cual ya se tambalea, se ha abierto ante nosotros, *pero* debemos estar preparados para exaltar el monte del Señor como reemplazo.

Los niveles del monte

Como siempre, mi descripción de los niveles del monte no tiene el objeto de ser científica, lo cual no debería producirle ninguna preocupación si ha comenzado a funcionar un poco más con su hemisferio derecho.

La cima de este monte, como las demás, influye en millones y es la parte para la cual se nos ha dado la alta gracia. El tsunami nos ayudará a levantarnos a esa posición al elevarnos a un terreno más alto. Desplazaremos a *Belcebú* y a sus amorreos humanistas y estableceremos cimientos centrados en Dios en la cima. Las instituciones naturales que ocupan la cima actualmente son Harvard, Princeton y Yale, hay algunas otras que no están muy lejos. No es inconcebible que una reconstrucción total de esas tres universidades afecte a muchos centros de enseñanza. Los revolucionarios de Elías pueden desenterrar el pozo espiritual original del que brotaron estas instituciones, las cuales fueron establecidas para alcanzar las naciones, para enseñar un currículo recto, para establecer la política nacional en muchos frentes y para educar líderes de Dios para las naciones. Lo que sucede es que no están cumpliendo muy bien su labor ya que están bajo la influencia de *Belcebú* y los amorreos, quienes han estado usurpando en el monte. Más abajo en el monte, tenemos que llenar las posiciones de enseñanza con revolucionarios de Elías que puedan comenzar una reconstrucción total en la educación. Este monte necesita ser invadido por ciudadanos del cielo que sepan quienes son y cuál es su misión en el monte.

Lo que la Biblia dice sobre la educación

"Instruye al niño en su camino, y aun cuando fuere viejo no se apartará de él."

PROVERBIOS 22:6

La palabra hebrea para "instruir" es *chanak* que significa "estrechar", un significado alternativo en este contexto sería "estrangular", al eliminar las mentiras ahogándolas. Este versículo establece un par de cuestiones muy importantes. Primero, es necesario instruir a los niños en el camino que deben seguir, lo que sienten de manera natural no es válido solamente porque lo sientan. Hay influencias y conductas que deben ser "estranguladas" por medio de la instrucción, es decir, a través de colocarlo sobre el camino estrecho: la instrucción del Señor. Segundo, la enseñanza que se recibe en la niñez es lo que nos guía cuando somos mayores, es por ello que la educación es tan importante y por lo que Satanás ha invadido estratégicamente este monte, pues quiere capturar a las generaciones futuras. Podemos tomar este monte y lo haremos. Debemos hacerlo por las generaciones futuras.

Un enfoque múltiple

Debido al gran tamaño de este monte, será necesario llegar a ella en muchas, muchas maneras. Los intercesores tienen que invadirla llenándola con sus oraciones, los profetas necesitan invadirla al hablar y liberar el futuro de este monte, los apóstoles necesitan acampar fuera de las murallas espirituales de Harvard, Yale y Princeton ofreciendo oración y alabanza hasta que se derrumben. Como siempre, el enfoque múltiple involucra la remoción de algo viejo para sustituirlo con lo nuevo. Las fuerzas espirituales tienen que ser derrotadas y sus peones (personas o instituciones) deben ser convertidos o removidos. Si su corazón arde por este monte, busque a Dios y averigüe cuál es la columna hacia la que usted debe marchar. Todos los montes serán llenos con el ejército de los revolucionarios de Elías como lo describe Joel:

"Su aspecto, como aspecto de caballos, y como gente de a caballo correrán. Como estruendo de carros saltarán sobre las cumbres de los montes; como sonido de llama de fuego que consume hojarascas, como pueblo fuerte dispuesto para la batalla. Delante de él temerán los pueblos; se pondrán pálidos todos los semblantes. Como valientes correrán, como hombres de guerra subirán el muro; cada cual marchará por su camino, y no torcerá su rumbo. Ninguno estrechará a su compañero, cada uno irá por su carrera; y aun cayendo sobre la espada no se herirán. Irán por la ciudad, correrán por el muro, subirán por las casas, entrarán por las ventanas a manera de ladrones. Delante de él temblará la tierra, se estremecerán los cielos; el sol y la luna se oscurecerán, y las estrellas retraerán su resplandor. Y Jehová dará su orden delante de su ejército; porque muy grande es su campamento; fuerte es el que ejecuta su orden; porque grande es el día de Jehová, y muy terrible; ¿quién podrá soportarlo?".

Joel 2:4-11

La primera línea es reveladora, pues se relaciona específicamente con el monte de la educación. Dice "con aspecto de caballos", porque, con frecuencia, los caballos representan la verdad, una verdad que avanza. Los caballos fueron hechos para correr hacia e incluso sobre los montes; ellos espantan a las moscas (las mentiras de *Belcebú*) con su galope. Las moscas siempre asedian a los caballos, pero con solo un movimiento o sacudida de su cola se deshacen de ellas. Las moscas no pueden competir por el terreno de los caballos, no tienen poder en comparación con ellos, pues un caballo galopante, rampante no puede siquiera verlas. Cuando comencemos a correr, las moscas (las mentiras del enemigo) huirán y Dios hará terremotos frente a nosotros para que las olas del tsunami puedan impulsarnos a nuestra Tierra Prometida en la cima del monte. Esto no es triunfalismo y podría no ser sencillo. Sin embargo, sigue siendo nuestro destino, el enemigo del monte debe ser puesto bajo los pies de Jesús.

La estrategia de oración

Ya hemos anticipado parte de nuestra estrategia de oración para este monte en las páginas anteriores del presente capítulo. Lo principal es recordar que estamos en una guerra espiritual por lo que la oración debe anteceder y acompañar cualquier estrategia que Dios nos mande. La oración es el alfa y el omega de nuestra labor porque es un acceso directo a Quien es el Alfa y el Omega, el que comienza y termina un buen trabajo.

Las oraciones deben ser conducidas por el hemisferio derecho. La estrategia puede o no ser muy lógica para el lado izquierdo pero el derecho tiene una lógica propia que no tiene que ver necesariamente con una estrategia normal, racional de causa y efecto. El razonamiento del hemisferio derecho es que si Dios dijo que había que hacerlo, tendrá consecuencias poderosas. Marchar alrededor de los muros de Jericó no debió haber provocado que se cayeran, ni hacer sonar un shofar debió provocar que las fuerzas enemigas comenzaran a matarse entre sí; sin embargo, estos y muchos otros actos de obediencia que aparentemente no tienen relación son un modelo bíblico para nosotros. Lo anterior no es coherente con el cerebro izquierdo, pero la mayor lógica que existe es que la obediencia a Dios nos da acceso al poder de su reino. Si podemos transformar nuestras mentes (*metanoeo*), Él comenzará a revelarnos secretos y misterios que pueden acelerar su obra.

La estrategia de acción

Como lo he afirmado, tener en la mira las instituciones ubicadas en la cima del monte tales como Harvard, Princeton y Yale es esencial para esta estrategia de acción. Necesitamos grupos de revolucionarios de

Elías que tengan la intención de reunirse y penetrar en estas escuelas y dirigirse a ellas como una misión de Dios. Pequeñas chispas en estas escuelas crearán grandes fuegos, habrá avivamientos significativos y revolucionarios en todas las instituciones y cuando suceda, tendrán que producir cambios estructurales al por mayor. Con el tiempo habrá profesores en aquellas instituciones que hayan leído este mismo libro y se vuelvan transformadores para el Reino de Dios conforme se den cuenta de que fueron creados para un momento como este.

La estrategia de acción necesita implementarse al nivel de los estudiantes, los profesores y los planes de estudio. Los revolucionarios de Elías pueden ser quienes muevan y conmuevan directamente los aspectos antes mencionados o quienes apoyen e influyan en ellos. Quizá alguien ya tenga el siguiente programa de estudios que reciba la unción para invadir el sistema escolar. Alguien más probablemente tenga los recursos para impulsarlo. Las naciones ya están listas para ello.

No es necesario que un programa de estudios tenga "Jesús" estampado por todos lados para que esté ungido y sea útil. Es posible llevar a los caballos al agua sin forzarlos a beber, pues el Reino de Dios siempre avanza mediante el libre albedrío. El Señor dejó que uno de sus doce discípulos lo rechazara y traicionara. Tomar este monte no significa imponerle religión alguna a alguien, sencillamente crear un campo de juego nivelado en el que la creencia cristiana en Dios pueda competir con todas las demás religiones. Si presentamos el verdadero Evangelio de Jesús, será tan atractivo que atraerá a todos los hombres a Él.

VIII

LOS CANANEOS Y EL MONTE DE LA ECONOMÍA

E L MONTE DE LA economía podría ser llamado el monte de las riquezas o el monte del dinero. Con frecuencia, se habla acerca de los recursos y el dinero en las Escrituras y por buenas razones. Tenemos un dicho para descifrar la raíz de una situación turbia: "Sólo sigue el dinero". Tanto presidentes como líderes mundiales son elegidos o rechazados al basarse en la manera en que han manejado la economía nacional. Prácticamente todas las cuestiones relacionadas a la corrupción tienen que ver con la pobreza o la avaricia. Tomar este monte requerirá el mayor cuidado y precaución, pues los enemigos que alberga son bastante engañosos.

¿Qué es la economía?

En la Internet, se define *economía* como "un sistema de producción, distribución y consumo". Otra definición es "el uso eficiente de recursos". Cuando se aplica a nivel nacional o de gran escala, la economía es el flujo y el equilibrio adecuado de la producción, distribución y consumo de recursos. Una economía es saludable cuando hay una relación adecuada entre los tres elementos antes mencionados. El área más común de descomposición y corrupción se encuentra entre la producción y la distribución.

La economía mundial funciona bajo influencias muy complejas y multifacéticas y los economistas mundiales discrepan ampliamente sobre las causas y los efectos de todas las piezas diferentes del rompecabezas económico. Su desacuerdo no es sólo en lo relativo a su visión general del mundo y de las diversas economías nacionales, sino en que debaten sobre las interpretaciones que cada uno produce sobre las razones que subyacen a los colapsos y auges económicos de la historia. Voy a compartirle en términos legos mi entendimiento de la economía mundial, ya que es importante para tomar este monte. Si estoy equivocado en alguna cuestión técnica de análisis, por favor, disculpe mi inexperiencia en esta área. Sin embargo, creo que mis conclusiones son correctas, aun sin no les encaje mi análisis.

En teoría, los operadores de divisas a nivel mundial crean las realidades económicas. Más de un mil millones de dólares se intercambian todos los días tan sólo en especulaciones de divisas mundiales.[1] Los operadores examinan los últimos informes internos y externos sobre la salud económica de una nación y determinan el valor de la moneda del país. Compran divisas que parecen estar fortaleciéndose y venden las que parecen debilitarse. Una venta significativa de moneda puede crear su propio efecto cascada en el que los operadores se deshacen de divisas tan solo por que otros se deshacen de ellas. Los rumores y las percepciones tienen el mismo poder que la realidad en el mundo de las altas finanzas. En teoría, la actividad diaria tiene más poder para determinar la salud financiera de una nación que cualquier acción económica real que se lleve a cabo en esa nación.

Ejemplo: El gran colapso económico de Asia en 1997 afectó profundamente a naciones como Indonesia, Corea del Sur, Tailandia y Malasia. Por diversas razones, los operadores mundiales de divisas perdieron confianza en estas economías. Todo comenzó con una y después empezó un sorprendente efecto dominó que nadie supo cuándo terminaría y cuyas secuelas se extendieron en todo el mundo, afectando finalmente las economías de México y Brasil.

En retrospectiva, parece que los especuladores mundiales de divisas exageraron su reacción ante ciertos informes y tendencias, y al hacerlo lanzaron a diversas naciones a una crisis económica en espiral. Las rupias de Indonesia pasaron de dos mil a dieciocho mil por dólar estadounidense (una devaluación de 900%). Durante ese año, sesenta millones de ciudadanos indonesios de clase media a media-alta cayeron bajo la línea de pobreza, sin hambruna, terremotos, tsunamis o ningún otro suceso tangible que fuera la causa de tal efecto.

Se puede sostener que la devastación fue creada por especuladores mundiales de divisas que se vieron movidos a exagerar sus reacciones ante miedos y preocupaciones. Aunque se acusó a algunos de manipulación de divisas (conspirar para derribar las economías nacionales de los países afectados), tal cosa no parece ser posible siquiera desde el punto de vista logístico, sencillamente respondieron por miedo basado en ciertos informes financieros.

Es importante darse cuenta que es posible hacer todo lo correcto (salir de la deuda, tener un plan sólido de retiro y mantener una buena cantidad de efectivo disponible) y aun así no ser capaz de compensar por un tsunami económico que se dirija hacia usted cortesía de los operadores de divisas. Muchas personas en las naciones asiáticas gozaban de una situación económica personal saludable y la perdieron literalmente de la noche a la mañana. Muchos vieron una vida entera de buenas decisiones económicas serles arrebatada en un instante sin que hubiera mediado un error personal y financiero atribuible a ellos. Los mercaderes mundiales no dirigen este monte mediante consensos o estrategias, sino principalmente a través de miedos, rumores y confidencias.

También, afectan en gran manera las economías mundiales las compras y ventas de títulos y acciones (especialmente las que se negocian en Wall Street). De la misma manera en que la especulación puede crear reacciones exageradas en el cambio de divisas, el mercado de valores puede volverse volátil en cuestión de instantes. Los operadores especulan sobre el valor de las acciones de una compañía con base en informes, lecturas de dichos reportes y especulaciones futuras sobre una tendencia. En lugar de naciones, son muchas corporaciones y negocios los que son afectados y que desde luego, se llevan con ellos a individuos y familias que se encuentran más abajo en la pirámide. Enron, por ejemplo, colapsó porque se descubrió que su panorama financiero interno había sido maquillado para parecer mucho mejor de lo que era. Los inversionistas se dieron cuenta de que había sobrevaluado sus acciones y comenzaron a venderlas. La devaluación masiva resultante provocó que muchos pasaran de la seguridad financiera a la devastación casi de la noche a la mañana. En este caso, la crisis parece justificarse a causa de las malas acciones financieras de la compañía, pero la dinámica del comercio también puede devastar a una compañía bien administrada sencillamente por medio de percepciones y miedos. Para complicar la incertidumbre, el colapso de una compañía siempre produce efectos en cascada que pueden derrumbar otros negocios. El poder de los operadores es vasto.

Como si las situaciones anteriores no fueran lo suficientemente perturbadoras, Wall Street tiene otros factores que entran en juego. Los fondos de riesgo (hedge funds) no están sujetos a las reglamentaciones normales del mercado, los fondos para fines ilícitos (slush funds) manipulan los pronósticos financieros; factores más difíciles de explicar como los subproductos y derivados exponen el panorama económico completo como un castillo de cartas esperando ser derribado. Eso sin siquiera entrar en el tema de los riesgos potenciales de temas políticos sensibles y la deuda personal de consumo o el hecho de que el sistema de seguridad social en Estados Unidos es en buena medida una estafa Ponzi que se hace pasar por legítima [Nota del traductor: Una estafa o esquema Ponzi es aquel en el que los inversionistas son atraídos por la promesa de retornos altos en sus inversiones, y los reciben por un tiempo sin saber que, en realidad, su dinero no está siendo invertido y el interés que reciben es el dinero pagado por nuevos inversionistas que se van incorporando al sistema.] y que sin ninguna reforma carece de cualquier posibilidad matemática de sobrevivir (gracias en parte a los casi cincuenta millones de abortos desde *Roe vs. Wade* que eliminaron a la siguiente generación de contribuyentes para este fondo).[2]

Aunque la economía es un monte complejo, creo que opera bajo premisas fáciles de entender. De una manera simplista, opera sobre la ley de la oferta y la demanda. Anteriormente, mencioné que la salud de las economías se determina mediante el equilibrio adecuado de la producción, distribución y consumo de recursos. Lo que complica la ecuación es que ningún recurso tiene un valor real determinado, solo tienen un valor percibido, lo cual hace que todos los recursos estén sujetos a cambios de valor, están atados a la oferta y la demanda real y a la percibida.

Los antiguos incas tenían tanto oro que lo valoraban tanto como nosotros a la hojalata, de tal manera que hacían canalones y macetas con él. Cuando Pizarro apareció y trajo consigo la demanda de oro del resto del mundo, su valor se incrementó dramáticamente.

Mis amigos en Venezuela me han dicho que pueden llenar de gasolina el tanque de un auto con un dólar, mientras que en Estados Unidos un tanque lleno puede costar más de cincuenta. La abundancia de gasolina baja el precio local mientras se siga tomando ventaja de la demanda mundial de combustible. Sin embargo, ni siquiera este combustible es un recurso que pueda tenerse como seguro, pues mañana podría descubrirse una solución alternativa para producir energía y la economía del mundo entraría en una fuerte agitación. Alguien podría descubrir que una cucharada de un cierto químico mezclado con agua y bicarbonato de sodio funciona igual que los derivados del petróleo en los vehículos actuales, de igual manera las fuentes alternativas de combustible podrían fomentar la invención de nuevos tipos de motores. Sea como fuere, el tsunami resultante transformaría la economía.

Lo que es importante recordar es que ningún recurso tiene un valor garantizado, los metales preciosos y las joyas se atesoran porque son escasos. Los diamantes no son valiosos por ser diamantes sino porque la demanda de los mismos excede la oferta conocida. Las cuentas de retiro, los fondos mutuos, el oro, los diamantes, el petróleo, las acciones, las cuentas bancarias y hasta los bienes raíces están sujetos a fuerzas más allá de nuestro control que pueden provocar que perdamos todo lo que valoramos. Una crisis nacional puede provocar que el gobierno emita un decreto para confiscar todas las propiedades. Lo anterior se aplica en todos los niveles y si nuestro objetivo es tomar este monte como herencia, debemos comprenderlo. Algunas situaciones de este tipo pueden parecer poco probables, pero son bastante comunes en muchos países donde los gobiernos deciden nacionalizar los negocios y hasta las casas. A un amigo mío en Nicaragua le fueron expropiadas la mansión y las plantaciones de su familia por el presidente en turno. Nada, absolutamente nada, es un activo garantizado si se da una situación adversa. Algunas propiedades son más seguras que otras, pero nada debe darse por sentado. Dios ha prometido sacudir todo lo que pueda ser sacudido.

La instrucción de Dios para nosotros en 1 Timoteo 6:17 existe por buenas razones "los ricos de este siglo manda que no sean altivos, ni pongan la esperanza en las riquezas, las cuales son inciertas, sino en el Dios vivo, que nos da todas las cosas en abundancia para que las disfrutemos". Mi intención ha sido agitar su confianza en cualquier riqueza actual que tenga. Desde luego, tenemos un activo inamovible que discutiremos posteriormente.

¿Quién gobierna la economía en la actualidad?

La siguiente gran nación enemiga que se menciona en Deuteronomio 7 son los cananeos, que representan a quienes dominan actualmente el monte de la economía. Con frecuencia, se llamaba Canaán a la Tierra Prometida, y esa palabra todavía evoca algún tipo de bonanza material (leche, miel y fertilidad). *Cananeo* en hebreo puede traducirse como "mercader, comerciante y traficante" también como "ser humillado, rebajado o sometido". La palabra *cana* significa "ferviente". Juntas, estas palabras forman una imagen de la avaricia y la pobreza. Los cananeos dentro de este monte están trabajando para que la gente sea demasiado ferviente en su comercio y tráfico o sufra la pobreza (quizá ambas posibilidades). Los cananeos de la avaricia y la pobreza se oponen a cualquiera que viva bajo la provisión de Dios.

Uno de los nombres de Dios es Jehová Jireh que significa "el Señor es mi proveedor". Cuando aceptamos la filosofía de los cananeos, vivimos bajo la bandera de la desesperanza o de la euforia económica. Cuando elegimos a Jehová Jireh, vivimos bajo la bandera de la provisión del Señor. El deseo del corazón de Dios es que cada persona y cada nación vivan bajo su provisión, Él se deleita en proveer para sus hijos. Los cananeos de este monte se oponen a Él y a nosotros por medio de colocarnos bajo la tensión constante de necesitar cada vez más sin estar satisfechos o a través de producir circunstancias que pongan en peligro la supervivencia misma. Dichas metas se retroalimentan. Con frecuencia, el cananeo de la avaricia abrirá la puerta para experimentar otro espíritu cananeo: la pobreza. Los mismos espíritus que producen hambrunas en África son los que hacen que los del Oeste estén perdidos espiritualmente en el materialismo. Tales espíritus existen para suplantar a Dios como proveedor, de manera que prefieren desencadenar carencias y sufrimientos humillantes, pero si Dios es tan generoso que no es posible detener su provisión, entonces intentan retorcer la bendición para convertirla en una trampa de materialismo. Aunque el dinero y los recursos son una bendición de Dios, el fervor por dichos recursos es la raíz de todo tipo de maldad.

¿Quién es el rey de los cananeos?

Al buscar al rey, buscamos identificar el principiado demoníaco cuyo asiento se encuentra en la cima de el monte, usando a los cananeos que traen avaricia y pobreza por sus propios medios. Creo que este principado es *Mamón* o Babilonia [Nota del traductor: La palabra original en griego que fue traducida en la mayoría de las versiones en español de la Biblia como "riquezas" o "dinero" es *Mamona* o *Mamón* en arameo. Esta palabra es considerada el nombre del demonio de la abundancia, pero más específicamente, el de las riquezas deshonestas].

> "Ningún siervo puede servir a dos señores; porque o aborrecerá al uno y amará al otro, o estimará al uno y menospreciará al otro. No podéis servir a Dios y a las riquezas."
>
> LUCAS 16:13

Mamón lucha por ocupar el lugar que le corresponde a Dios en su vida. Trata de persuadirnos de que él es la fuente de toda provisión verdadera y por lo tanto de toda la paz y la felicidad. Es tan engañoso y su red es tan llamativa que la mayoría de nosotros quedamos atrapados en ella en algún grado. La influencia de Mamón se manifiesta como un deseo excesivo de dinero y riquezas; es decir, avaricia.

> "Porque raíz de todos los males es el amor al dinero, el cual codiciando algunos, se extraviaron de la fe, y fueron traspasados de muchos dolores."
>
> 1 TIMOTEO 6:10

Pablo, que vivió en la época del cristianismo del Nuevo Testamento, un tiempo en el que muchos desearíamos haber vivido, reconocía que la seducción de la avaricia ya había provocado algunas pérdidas importantes en la iglesia de aquellos tiempos. El amor por el dinero es una señal de que alguien está bajo la influencia de Mamón o

Babilonia. Si la idea de dinero le produce euforia, entonces, en cierta medida, aún se encuentra bajo dicha influencia y darse cuenta de ello es de extrema importancia, pues no podrá tomar un monte dominado por un espíritu bajo cuya influencia usted funciona. Si usted tomó este libro y se dirigió directamente a este capítulo, es probable que aún necesite ser liberado por completo del espíritu del que hablamos, a menos que Dios le haya mandado leer este capítulo específicamente.

"Después de esto vi a otro ángel descender del cielo con gran poder; y la tierra fue alumbrada con su gloria. Y clamó con voz potente, diciendo: Ha caído, ha caído la gran Babilonia, y se ha hecho habitación de demonios y guarida de todo espíritu inmundo, y albergue de toda ave inmunda y aborrecible. Porque todas las naciones han bebido del vino del furor de su fornicación; y los reyes de la tierra han fornicado con ella, y los mercaderes de la tierra se han enriquecido de la potencia de sus deleites."

APOCALIPSIS 18:1-3

El pasaje anterior habla de un tiempo en el cual el sistema económico del mundo colapsará. La riqueza en sí no decaerá, pero el sistema actual del dominio de los comerciantes (cananeos) sí. Los mercaderes son, por ejemplo, los operadores. De acuerdo con este pasaje, el Señor compara este sistema con la fornicación, pues es infiel cualquiera que busque su provisión en cualquier otro lado que no sea Él. Ahora leamos la advertencia para nosotros, que somos su pueblo:

"Y oí otra voz del cielo, que decía: Salid de ella, pueblo mío, para que no seáis partícipes de sus pecados, ni recibáis parte de sus plagas; sus pecados han llegado hasta el cielo, y Dios se ha acordado de sus maldades. Dadle a ella como ella os ha dado, y pagadle doble según sus obras; en el cáliz en que ella preparó bebida, preparadle a ella el doble".

APOCALIPSIS 18:4-6

La exhortación de Dios a que su pueblo salga de ella es un llamado a liberarnos de estar bajo la influencia del principado diabólico y del sistema que ha creado. Para poder tomar por completo este monte, tendremos que salir de la influencia de Babilonia. El hecho de que la marca de la bestia tenga un carácter económico es muy significativo (vea Apocalipsis 13:17-18). El juicio final de Babilonia resume el plan de Dios para la tierra en los últimos tiempos.

Babilonia significa "confusión por la mezcla", por ello las Escrituras dicen que se le pagará doble por la bebida que ha preparado (*mezclado*, en otras versiones). Ella sirve un vino seductor y hasta el pueblo de Dios puede ser intoxicado con él. Mamón y Babilonia representan el poder en la cima del monte de la riqueza y que debe ser desalojado (para más información reveladora sobre lo que representa Babilonia, lea el resto de Apocalipsis 18).

El importante rol de los profetas

El don del ministerio del profeta conlleva un rol muy importante en la toma del monte de la economía. La Biblia habla de una futura transferencia de la riqueza: "Comeréis las riquezas de las naciones, y con su gloria seréis sublimes" (Isaías 61:6), y: "Entonces verás, y resplandecerás; se maravillará y ensanchará tu corazón, porque se haya vuelto a ti la multitud del mar, y las riquezas de las naciones hayan venido a ti" (Isaías 60:5).

Muchos han especulado sobre la manera en que eso sucederá, algunas personas en la actualidad están levantándose con estrategias "apostólicas" para lograr lo anterior y todas las estrategias que he escuchado conllevan utilizar la sabiduría del mundo y aprender cómo explotar el sistema de Babilonia. De alguna manera, no creo que esa sea la manera en que sucederá, pues se parece mucho a la solución que dio origen a Ismael (aceptar la promesa de Dios pero usar las propias manos para llevarlo a cabo). Las estrategias que se basan en el sistema de Babilonia para explotarlo están destinadas a caer cuando Babilonia caiga y esa no es la manera en que Dios establece su Reino.

Creo que tengo cierta comprensión bíblica y cierta historia personal que puede arrojar luz sobre el papel del ministerio profético en la toma de este monte. El principio bíblico se encuentra en 2 Crónicas 20: "Creed en Jehová vuestro Dios, y estaréis seguros; creed a sus profetas, y seréis prosperados" (2 Crónicas 20:20). La palabra "prosperar" es la misma utilizada para describir a José como hombre próspero en

Génesis 39:2. Nuestra tendencia es espiritualizarlo todo, pero defini-tivamente Dios dice que la riqueza material forma parte del juego. Así que, de acuerdo con la afirmación de Josafat, hay un rol de desatar la prosperidad que yace en la función de los profetas.

De ahí que la escritura sea tan tajante al identificar a los falsos profetas como aquellos que van tras el error de Balaam (vea Judas 1:11 y 2 Pedro 2:15). Un profeta falso es motivado por la ganancia aun si el don profético es válido de otro modo. Un profeta verdadero no funciona por motivos monetarios, y es por ello que el principio de salir de la influencia de un monte para tener autoridad sobre ella es tan importante en este caso.

Testimonios personales

He visto al Señor moverse de maneras asombrosas en lo relacionado con el descubrimiento profético de la riqueza. Jesús dijo: "Además, el reino de los cielos es semejante a un tesoro escondido en un campo […]" (Mateo 13:44). El siguiente verso lo reitera: "También el reino de los cielos es semejante a un mercader que busca buenas perlas" (Mateo 13:45). Lo anterior es un principio rector de la manera en que practico y enseño el ministerio profético. No se requiere de un don profético para ver el campo (tierra) donde se encuentra un tesoro (o ver la situación negativa de un individuo o hasta de una nación). La manera en que el Reino de los cielos se activará en la tierra es usando el don profético para descubrir el tesoro o la perla que está escondida ahí. Al llamar al tesoro, emergerá de la tierra.

Lo que he mencionado tiene muchas aplicaciones. El destino de las personas y de las naciones es su tesoro, tal fue el desafío que Dios dispuso frente a Ezequiel: ¿Puedes ver un ejército extremadamen-te grande en un valle lleno de huesos secos? (vea Ezequiel 37:1-10). Conforme profetizaba, el "tesoro" comenzó a manifestarse.

Hace algunos años, fui a la ciudad selvática de Saposoa en Perú. Fue mi primera visita a una ciudad extremadamente pobre y abatida. Años de narcoterrorismo y de represalias del gobierno habían dejado a la ciudad aislada, necesitada y relegada. Pedí hablar con el alcalde y me recibió, compartió conmigo los desafíos que enfrentaba en su ciudad y en particular la dificultad que tenía para que la gente que solía hacer dinero fácil cultivando coca se comprometiera a trabajar mucho más por menos dinero en el cultivo de café, cacao, bananas o arroz. Entonces comencé a decirle al alcalde, que no era cristiano, que él había sido elegido para un tiempo como éste y que el Señor honraba su buen corazón hacia su gente.

Entonces le hablé proféticamente: "Dios va a ayudarlo con la economía de su ciudad, se descubrirán cosas que no han sido descubiertas, las cuales bendecirán la economía de su ciudad. También creo que una ciudad perdida de los Incas o de una civilización indígena serán encontradas trayendo mucha atención a este lugar". Le expliqué que le decía esas cosas para que cuando sucedieran, él le diera el crédito a Dios por su ayuda. Después le pregunté si podía orar con él, lo cual hice y sorprendentemente se volvió hacia mi y dijo: "Haré que este día se declare como día histórico en la ciudad de Saposoa, colocaré una placa en el ayuntamiento que los declare huéspedes ilustres de esta ciudad. Les daré las llaves de la ciudad y me gustaría que estuvieran conmigo mañana cuando pase un desfile por aquí, y ¿podría orar por mi esposa que tiene un trastorno nervioso?". Oré por ella y fue sana y después me enteré de que cuando impuse manos sobre él, que fue sano de un dolor de migraña que padecía por mucho tiempo.

Parte de la increíble historia de Saposoa fue que en el transcurso de dieciocho meses se descubrieron dos minas de sal, un manantial de aguas termales, una cascada escénica, una mina de zinc y una de plata; además se encontró una "ciudad perdida" de cuarenta kilómetros cuadrados aproximadamente a sólo kilómetros de donde nos habíamos reunido, la cual el arqueólogo Gene Savoy llevaba décadas buscando. Se la nombró La Gran Saposoa y ha aparecido en las noticias mundiales en diversas ocasiones.

En mi siguiente visita a la ciudad, fuimos recibidos a la entrada por todos sus líderes. Todos los niños de la escuela llevaban sus uniformes de marcha y dirigieron un desfile hacia la ciudad donde de nuevo recibí las llaves de la ciudad y permiso para tener reuniones libremente en la plaza central. Más de mil personas dieron sus vidas al Señor y cientos fueron sanos en las reuniones de la plaza durante los dos días siguientes. Posteriormente el alcalde dio su vida al Señor y hasta visitó Estados Unidos y se quedó con mi familia por tres días. En verdad, la bondad del Señor lleva al arrepentimiento.

Tengo la firme convicción de que una de las razones por las que el Señor respondió de una manera tan poderosa y tan rápida a esta palabra profética fue por la aceptación profunda e inmediata que tuvo de ella el alcalde. La desaparición de su migraña fue una señal para él, así que aceptó la profecía, y me honró como si la palabra que le di ya hubiera sucedido, mucho antes de que en verdad pasara.

En gran medida, a causa del favor que Dios me dio en esta lejana ciudad selvática, se me invitó a ser orador en un congreso de pastores en la ciudad de Lima, la capital. Aproveché la oportunidad para contarles la historia de Saposoa, también les dije que el Señor transformaría su economía nacional y tomaría todos los sectores de la sociedad peruana que Él invadiría el gobierno y comenzaría a colocar creyentes en muchas posiciones clave de la sociedad. Les dije que veía que Perú se transformaría en una nación muy rica en Sudamérica, una nación que prestaría en lugar de pedir prestado y que algún día enviaría muchos misioneros al Oriente Medio.

Los pastores que asistieron al congreso estaban emocionados a la vez que dudaban, *querían* creer pero se habían sentido oprimidos por tanto tiempo (como cananeos desesperados en lo financiero) que parecía demasiado bueno para ser cierto. Reconocí delante ellos que veía sus dudas y les dije que el Señor les daría una señal para que pudieran creer: una mina de oro de tamaño importante sería descubierta en poco tiempo en Trujillo, una ciudad de un millón de habitantes que no era conocida por la minería. Les dije que la mina no sería la bendición económica de la que les había hablado, sino una señal que Dios usaría para detonar su fe de manera que pudieran creer en las mayores bendiciones que vendrían.

Tres meses después, visité Trujillo por segunda vez en mi vida. Me encontraba en una estación de radio donde el entrevistador me preguntó qué veía proféticamente para ellos como ciudad. Compartí algunas cosas que el Señor me había dado y después les dije que tres meses antes había profetizado que se descubriría una mina de oro de importancia en Trujillo. Les dije que lo había visto más claro ahora estando en la ciudad, que era una mina muy grande y que cuando fuera descubierta sabrían que era una señal de que lo demás que acababa de decir también sucedería. Al aire vivo, mi chofer, que por coincidencia trabajaba para una compañía minera me interrumpió:

"Profeta —dijo—, ¡en las ultimas dos semanas acabamos de descubrir la mina de oro más grande en la historia de Perú! Las 'raspaduras' iniciales que salieron de ella se valuaron en $176 millones". Todos estaban tan emocionados que me mantuvieron al aire alrededor de otra hora. El alcalde de la ciudad terminó llamando.

Algún tiempo después, regresé a Lima, y les recordé a los pastores y a las iglesias la señal profética del descubrimiento de la mina de oro en Trujillo. Les recordé también que esa todavía no era la bendición económica, ya que hasta que el Señor no eliminara la infraestructura corrupta, mucho de eso se desperdiciaría". Entonces profeticé que el Señor ayudaría todavía más a su débil fe al permitir que una mina aún más grande fuera descubierta y que esa tampoco sería la bendición que les había anticipado. Poco tiempo después, fue descubierta la nueva mina de oro más grande de Perú, ¡cuyos derechos de explotación, según informes, fueron vendidos por cuarenta mil millones de dólares! Esos solo son los derechos para aprovecharla, pero el gobierno del Perú todavía recibe un porcentaje de todo lo que la mina produce. Se ha proyectado que a causa de esta sola mina, el estándar de vida en Perú se elevará cada año durante el siguiente cuarto de siglo, y esto es solo una señal de las bendiciones que vendrán.

No me he propuesto identificar recursos naturales proféticamente a través de mi ministerio. Al viajar por diferentes naciones sudamericanas, mi pasión y mis palabras proféticas casi siempre están relacionadas con algo más espiritual; sin embargo, inevitablemente me he visto anunciando el descubrimiento futuro de un "tesoro" como señal. En una ocasión di una larga palabra profética para Costa Rica y dije que la señal sería el descubrimiento de oro en el noroeste de la nación. La siguiente semana, alguien me envió un recorte de periódico en el que se informaba del mayor descubrimiento de oro en el noroeste de Costa Rica. En Nicaragua, dije que una piedra especial parecida al diamante sería descubierta en los montes de la capital, lo cual se me informó que de hecho ya había pasado. En Honduras, vi la visión de una plataforma petrolera y le dije al pastor que esperara que se anunciara el descubrimiento de petróleo. Me dijo que ya era tarde, porque acababa de ser informado; desde luego, yo no tenía idea de aquello ya había sucedido. Podría seguir dando muchos ejemplos, pero creo que usted capta el mensaje. El ministerio profético puede desenterrar tesoros: "Creed a sus profetas, y seréis prosperados" (2 Crónicas 20:20).

La Biblia dice que el mundo no solo será lleno con la gloria del Señor, sino que ya lo está (vea Isaías 6:3 y Habacuc 2:14). Otra definición de gloria es "riquezas" (de todo tipo). La gloria de Dios (en cada aspecto de la creación, incluyendo lo material) está entrelazada en este mundo, en todas partes. Hay innumerables tesoros que esperan ser descubiertos y sacados de la oscuridad de una manera profética (una fuente de combustible completamente nueva, remedios sencillos y naturales para enfermedades mortales, etc). Dichos tesoros no son, por supuesto, el tesoro real, el verdadero tesoro es Jehová-Jireh, quien puede traer toda fuente de provisión a quienes confían en Él. Escuchar su voz es la riqueza sobre todas las riquezas para los últimos tiempos, cuando todo lo que pueda ser sacudido lo será. Si estamos conectados a la mayor riqueza inamovible, no importará la caída de Babilonia.

Es por ello que debemos desear apasionadamente los dones del Espíritu Santo (vea 1 Corintios 12), especialmente el don de profecía que Pablo llamó el más grande de los dones espirituales (vea 1 Corintios 14:1). Es por ello que la revolución venidera debe ser una Revolución de Elías, una restauración profética desatada en toda la tierra. Sobre todos los demás dones, la voz del Señor debe ser restaurada para su iglesia.

Debemos recordar que si tenemos una cuenta poderosa en Jehová-Jireh, en realidad no necesitamos una abultada cuenta de banco en la tierra. No importa si perdemos todos nuestros fondos, nuestras propiedades, nuestro oro, nuestro efectivo o lo que sea, Él puede proveer para nosotros. No tenemos que tratar de atesorar y justificar esa acción como una planeación sabia para nuestros hijos o para el futuro. En definitiva no nos dice que tengamos un plan de ahorro para expandir el Reino de Dios en este momento. En algún momento nos tendremos que separar de la dependencia en el sistema económico mundial y mientras más pronto mejor "Salid de ella, pueblo mío, para que no seáis partícipes de sus pecados [...]" (Apocalipsis 18:4). La cuestión no es sacar de ella nuestro dinero y nuestras acciones, sino nuestra alma y corazón.

Dios pude bendecir financieramente en un número infinito de formas, incluso por medio de extraer la riqueza de Babilonia si así lo desea. El mandato de Pablo en 1 Timoteo 6:17 es: "A los ricos de este

siglo manda que no sean altivos, ni pongan la esperanza en las riquezas, las cuales son inciertas, sino en el Dios vivo, que nos da todas las
cosas en abundancia para que las disfrutemos".

"Sino acuérdate de Jehová tu Dios, porque él te da el poder para
hacer las riquezas, a fin de confirmar su pacto que juró a tus padres,
como en este día."

DEUTERONOMIO 8:18

El poder específico que Dios nos da para hacer riquezas es sencillamente recibirlas mientras que Él se encarga del trabajo arduo y la
estrategia. La transferencia de riqueza no vendrá a través del poder
intelectual de los cristianos. En muchos casos, sencillamente casi cae-
remos en ella. Un cristiano nunca necesita perseguir la riqueza, solo
a Aquel que es rico. Si no comprendemos esta cuestión, la riqueza
misma competirá por el lugar de Dios en nuestras vidas.

José y la riqueza de Egipto

Anteriormente relaté algunas de mis experiencias personales donde
vi la manera en que el don profético hace surgir tesoros. Es posible
ver el mismo principio en la vida de José, la historia de un hombre
que completamente a causa de su don profético fue colocado a cargo de los recursos del mundo. Su don de interpretar los sueños le
dio un acceso que no podría haber logrado de ninguna otra manera.
Ninguna cantidad de títulos en negocios ni capacitación financiera
podía compararse con el valor de escuchar e interpretar lo que estaba
diciendo. Se ha dicho mucho en la actualidad que el Señor levantará
una Compañía José a la cual el Señor confiará muchas riquezas para
los últimos tiempos. Aunque creo que esto es verdad, dicha compañía solo estará compuesta por quienes reconozcan cuál es la verdadera riqueza (escuchar su voz).

Elías y Eliseo

Los profetas Elías y Eliseo fueron usados en varias ocasiones para
desatar la provisión de Dios. Elías hizo caer la lluvia que terminó con

la sequía, Eliseo dio a la viuda todo el aceite que ella podía conservar para compensar el grave predicamento económico en que se encontraba. En verdad me gusta la historia de Eliseo y la manera en que rompió la hambruna que pesaba sobre Samaria, tan severa que hasta estaban comiéndose a los niños:

> "Dijo entonces Eliseo: Oíd palabra de Jehová: Así dijo Jehová: Mañana a estas horas valdrá el seah de flor de harina un siclo, y dos seahs de cebada un siclo, a la puerta de Samaria. Y un príncipe sobre cuyo brazo el rey se apoyaba, respondió al varón de Dios, y dijo: Si Jehová hiciese ahora ventanas en el cielo, ¿sería esto así? Y él dijo: He aquí tú lo verás con tus ojos, mas no comerás de ello".
>
> 2 REYES 7:1-2

La profecía de Eliseo sobre una provisión sobrenatural era completamente increíble para el príncipe, pues ¡ese mismo día, el estiércol de paloma se vendía por cinco ciclos de plata y ahora la harina fina se vendería por uno! ¿Cómo podía ser esto posible y cómo sucedería en un día? La respuesta es que el don profético puede tener acceso a un tesoro sobrenatural, "Creed a sus profetas, y seréis prosperados" (2 Crónicas 20:20). Después, ese día Dios hizo que el ejército sirio escuchara un ruido de carros, caballos y un gran ejército y huyeron dejando sus tiendas, asnos, caballos y provisiones; había oro, plata, comida y más. El príncipe que dudó fue atropellado por la multitud que salía por las provisiones, vio la abundancia pero nunca se benefició de ella.

Una de las marcas preferidas del Señor es permitirnos arruinar al enemigo. Él puede otorgar maná del cielo, agua de la peña y muchos panes y peces casi de la nada, pero lo que en verdad le gusta es entregarnos (sin ningún esfuerzo significativo de nuestra parte) la riqueza de las naciones, tal como lo hizo cuando Israel saqueó la riqueza de Egipto durante el Éxodo.

En Mateo 17:27, Jesús fue un modelo aún mayor de la capacidad de Dios de extraer la riqueza de donde quiera cuando un pez brindó suficiente dinero para pagar su impuesto del templo y el de Pedro. Este don profético será el recurso más grande para cambiar la balanza del poder económico en los últimos días.

Los niveles del monte

En la cima del monte de la economía y riqueza se encuentran varias naciones, instituciones y personas. Estados Unidos junto con las demás naciones del llamado G-8 (Canadá, Francia, Alemania, Italia, Japón, Rusia y el Reino Unido) representan 65 por ciento de la economía mundial y forman un bloque muy poderoso. La industria del petróleo también se encuentra en lo alto del monte, Bill Gates y Warren Buffet, como dos de los hombres más ricos del mundo, tienen una gran influencia. Desde luego, todo lo anterior está sujeto a cambios repentinos y dramáticos.

La cima geográfica del monte es la Ciudad de Nueva York, principalmente a causa de Wall Street. La perspectiva de Apocalipsis 18 podría aplicarse fácilmente a Nueva York. De hecho, el ataque terrorista del 11 de septiembre se acercó de manera inquietante a lo que se describe en ese capítulo. Los operadores mundiales de divisas pueden afectar la economía mundial en ese momento y cualquier bloque concentrado que trabaje en conjunto en ese dominio puede, en teoría, manipular la economía de las naciones.

Más abajo en el monte hay consideraciones regionales y locales (en una economía interconectada mundialmente, hasta los mercados de valores menos significativos pueden impactar el monte completo). Un lugar dónde traer gran influencia en niveles inferiores es afectar la manera de aplicar los presupuestos locales. Esto incluiría los oficios de asesores financieros para gobernadores, alcaldes y otros líderes locales cuya influencia no solo tiene un impacto local sino que puede impactar sustancialmente a otras naciones.

Lo que dice la Biblia sobre la economía

La Biblia es muy extensa en lo relativo al tema de la riqueza y ya hemos revisado un número importante de textos. Añadiremos unos cuantos más para establecer más firmemente lo que tiene que decir al respecto. Hageo 2:6-9 contiene una profecía bastante significativa y reveladora:

"Porque así dice Jehová de los ejércitos: De aquí a poco yo haré temblar los cielos y la tierra, el mar y la tierra seca; y haré temblar a todas las naciones, y vendrá el Deseado de todas las naciones; y llenaré de gloria esta casa, ha dicho Jehová de los ejércitos. Mía es la plata, y mío es el oro, dice Jehová de los ejércitos. La gloria postrera de esta casa será mayor que la primera, ha dicho Jehová de los ejércitos; y daré paz en este lugar, dice Jehová de los ejércitos".

El pasaje que acaba de leer cubre una variedad de perspectivas para los últimos tiempos. En cinco ocasiones Dios es llamado Jehová de los ejércitos, que habla del carácter en el que vendrá en los últimos días como Regidor de las naciones y Comandante de su ejército. Sus ejércitos incluyen a los revolucionarios de Elías. Cuando Él venga para hacerse del dominio, hará temblar todo lo que pueda ser movido. Hebreos 12:25-29 sigue desarrollando el mismo concepto:

"Mirad que no desechéis al que habla. Porque si no escaparon aquellos que desecharon al que los amonestaba en la tierra, mucho menos nosotros, si desecháremos al que amonesta desde los cielos. La voz del cual conmovió entonces la tierra, pero ahora ha prometido, diciendo: Aún una vez, y conmoveré no solamente la tierra, sino también el cielo. Y esta frase: Aún una vez, indica la remoción de las cosas movibles, como cosas hechas, para que queden las inconmovibles. Así que, recibiendo nosotros un reino inconmovible, tengamos gratitud, y mediante ella sirvamos a Dios agradándole con temor y reverencia; porque nuestro Dios es fuego consumidor".

La razón por la cual conmoverá todo lo que pueda ser movido es para que solo lo inconmovible (el Reino de Dios) permanezca. Nosotros, sus hijos, recibiremos su Reino inamovible. Entre más suceda eso, más cerca estaremos de ver el cumplimiento de Isaías 2:2, cuando el monte de la casa del Señor se establezca sobre todas las demás.

Por ello, Babilonia será conmovida hasta que caiga, pues es un sistema económico creado con base en algo que no es confianza en Dios. Todo lo que no se centra en Él puede ser conmovido y en última instancia se derrumbará. Hageo habla de la conmoción como algo que provocará que todas las naciones reconozcan que Dios es el Deseado de las Naciones (Hageo 2:7). ¡Dios será atesorado por encima de las riquezas en todo el mundo!

En medio de la descripción que hace Hageo del extraordinario escenario del fin de los tiempos está la frase: "Mía es la plata y mío es el oro" (Hageo 2:8), en otras palabras, toda la riqueza es suya. No debemos acudir al Señor motivados por su riqueza, pues todo nos es añadido cuando buscamos primero su Reino.

Cuando Dios haga temblar a las naciones y revele su Reino, su templo estará lleno de una gloria sin precedentes, estará lleno de paz, intocable por la furia de lo que pase afuera. A medida que el anticristo fuerce la dependencia de la marca económica de la bestia, Dios revelará que el oro y la plata le pertenecen. Solo quienes sean necios y sean engañados temporalmente por la bestia decidirán caer con Babilonia.

La marca de la bestia podría no ser una señal visible en el futuro como muchos suponen, podría ser una realidad que ya exista sobre quienes confían en Mamón. Primero, Dios echará fuera esa marca de su propia casa, pues es un problema significativo entre quienes están en su propio templo: "Porque él es como fuego purificador [...]" (Malaquías 2:2-3), y lo limpiará del espíritu de las riquezas deshonestas. Esta es la imagen profética que Jesús nos dio en Juan 2 cuando limpió el templo:

> "Estaba cerca la pascua de los judíos; y subió Jesús a Jerusalén, y halló en el templo a los que vendían bueyes, ovejas y palomas, y a los cambistas allí sentados. Y haciendo un azote de cuerdas, echó fuera del templo a todos, y las ovejas y los bueyes; y esparció las monedas de los cambistas, y volcó las mesas".
>
> JUAN 2:13-15

La histórica purificación del templo hecha por Jesús es familiar para la mayoría de nosotros y comprendemos la premisa básica de que el Señor no desea que su templo sea convertido en un centro de avaricia y lucro; no obstante, los dos versículos siguientes indican que hay más en este texto de lo que parece:

"Y dijo a los que vendían palomas: Quitad de aquí esto, y no hagáis de la casa de mi Padre casa de mercado. Entonces se acordaron sus discípulos que está escrito: El celo de tu casa me consume".

Juan 2:16-17

Los que vendían bueyes, ovejas y palomas fueron echados del lugar, pero el texto especifica a quiénes fueron objeto de las palabras más duras de Jesús: "a los que vendían palomas". Las palomas, desde luego, son una imagen profética del Espíritu Santo, pueden ser símbolo de una unción específica de Dios. En efecto, el Señor está diciendo que vendrá a juzgar a aquellos que comercien con la unción, pues profana su templo.

Creo que actualmente en su templo está teniendo lugar el comercio de la unción, algo que en verdad debe ser purificado. No hay nada malo en vender libros, cintas, revistas, discos y cosas similares, pues en sí mismos no son evidencia de lucrar con la unción, pero el paso que va de ofrendar recursos a comerciar con el Espíritu es muy pequeño y fácil de dar. Podemos comenzar con un deseo puro de distribuir las cosas buenas que Dios nos ha confiado, las cuales cuestan dinero, pero en algún momento, las ganancias pueden convertirse en un factor de motivación para decidir cómo y dónde ministrar. Pasamos de un método aceptable de distribución a un negocio donde las ganancias son lo que importa, y al cruzar esa línea, nos volvemos mercaderes de la unción y nos colocamos en la línea de fuego del Señor. Jesús nos advirtió del engaño de las riquezas (Marcos 4:19). Debemos salir de Babilonia o sufriremos por sus pecados.

Un enfoque múltiple

Tomar el monte de la economía y riquezas requerirá una estrategia multifacética. Primero, debemos santificarnos y purificarnos del amor al dinero. Si vamos a ser parte de la toma de este monte, debemos, antes que nada, "salir de ella" (Apocalipsis 18:4-6). Podemos ayudarnos a saber si estamos listos para enfrentar este monte mediante sencillos autoexámenes como: ¿Ofrecemos alegremente y con presteza las primicias de nuestro trabajo al Señor? Un talento natural en las cuestiones financieras no es señal de un llamado. De hecho, estar motivado por las mercancías en lugar de estar motivados por el Reino puede prestarse a una gran tentación. Es posible remediar una situación así, pero es necesaria una profunda purificación del Señor. El ministerio profético es valioso en confirmar si alguien ha sido llamado para obrar en este monte.

Una persona puede ser llamada al monte de las riquezas en diferentes calidades (como intercesor u ofreciendo al Señor un valor neto significativo) y ello puede llevar a un avance en este monte, pero creo que el llamado principal para la mayoría es el tener influencia sobre quienes poseen los recursos. José, por ejemplo, no poseía en realidad los recursos de Egipto, pertenecían al Faraón, pero era capaz de influir en la manera en que se recolectaban y distribuían. Así, Dios llenará este monte con quienes administrarán los recursos de otros. Ya sea que alguien use sus recursos propios o sea mayordomo de la riqueza de alguien más, la motivación por el Reino debe ser la pasión conducente. Cuando sea que el deseo por las ganancias sea superior al deseo del Reino que vendrá, la persona no podrá ser usada en gran manera por el Señor en el monte.

La estrategia de oración

Conforme presento estas estrategias tanto para la acción como para la oración, estoy muy consciente de que mi enfoque no es exhaustivo. Se me han mostrado unas cuantas cosas y más revelaciones vendrán para quienes en realidad se centren en el Señor y comiencen la travesía de tomar el monte que les corresponda.

Desde el punto de vista de la intercesión, cubrir con oraciones a todos los que están en la cima del monte es un punto de inicio importante. Alguien puede recibir la encomienda de interceder por que Satanás no tenga éxito en destruir a las naciones por medio del intercambio cotidiano de divisas. Antes del tiempo en que colapse el sistema económico mundial, Satanás intentará causar prematuramente la muerte, la destrucción, el desorden y el desastre al manipular la devastación financiera. Queremos trabajar para impedirlo. En intercesión, primero queremos saber *quiénes* son el objeto de sus encomiendas y después *cuál* es la estrategia específica de dicha encomienda. El campo en cuestión es tan amplio y las iniciativas de oración que se pueden poner en práctica son tantas, que las directrices proféticas pueden ser muy valiosas. Conforme nos sintonicemos más con Dios y con lo que está haciendo en la tierra, mejor sabremos cómo orar.

La estrategia de acción

La estrategia de acción es penetrar todos los frentes que en este momento se encuentren en la cima del monte de la riqueza, así como anticipar, gracias a la dirección del Espíritu, lo que se esté abriendo camino a la cima. Tenemos que hacer surgir nuevos bienes (nuevas fuentes de energía, por ejemplo) y prácticas de negocios y tenemos que apoyar a las personas y las organizaciones que asciendan este monte. Principalmente, debemos saber que el Señor está trabajando para remover todo lo que pueda ser conmovido. Como pueblo de Dios, debemos estar listos para entrar a sustituir todo lo que haya sido desplazado después de que haya terminado la labor pesada: conmover todo lo conmovible.

Un punto de acción muy significativo que he visto es que el Señor busca utilizar y promover en gran manera a las organizaciones caritativas. Pronto habrá tantos desastres naturales en todo el mundo, que quienes respondan ante ellos experimentarán un agotamiento emocional y financiero. El Señor proveerá de fondos y bendecirá a quienes sean llamados por Él para llenar el vacío y con ello cumplirán Isaías 61:4: "Reedificarán las ruinas antiguas, y levantarán los asolamientos primeros, y restaurarán las ciudades arruinadas, los escombros de muchas generaciones".

Quienes tengan un entendimiento del Reino para esta área verán que las organizaciones benéficas en efecto tendrán un gran privilegio y autoridad para promover e iniciar la reconstrucción de naciones en rectitud. Los gobiernos nacionales no podrán darse el lujo de imponer términos a quienes traigan ayuda, la desesperación será tan grande y los líderes de las naciones estarán tan abrumados que tendrán que volverse al monte de la casa del Señor para recibir ayuda.

Algunas de las agencias benéficas del Reino podrán operar fuera del sistema financiero de Babilonia, y serán extremadamente prósperas mientras gran parte del mundo viva en la escasez; de hecho, serán llamadas para capitalizar naciones enteras para poder salir de la tumba económica. De Dios es el oro y la plata, y aquellos de entre su pueblo que tengan mentalidad del Reino, se harán cada vez más prósperos conforme los tiempos se vuelvan más difíciles y conforme rechacen a Mamón. Al volverse una realidad el temor a Dios en todo el mundo, se levantarán muchos como José para supervisar la reconstrucción.

Prepárense para una aceleración profunda que vendrá sobre los siervos de Dios que entiendan su Reino. Los cristianos, de hecho, seguirán siendo parte del problema si no comprenden el Reino de Dios y su implacable avance sobre la tierra. Ningún cristiano que adopte la teología de "abandonemos el planeta" será de gran ayuda para el gran plan que Dios quiere llevar a cabo en la tierra. Aun así, podrán tener una relación con Dios e ir al cielo cuando mueran, pero al llegar se sorprenderán de la profundidad con la que fueron engañados por una doctrina de demonios. Lo diré de nuevo: "Acontecerá en lo postrero de los tiempos, que será confirmado el monte de la casa de Jehová como cabeza de los montes, y será exaltado sobre los collados, y correrán a él todas las naciones. Y vendrán muchos pueblos, y dirán: Venid, y subamos al monte de Jehová, a la casa del Dios de Jacob; y nos enseñará sus caminos, y caminaremos por sus sendas. Porque de Sion saldrá la ley, y de Jerusalén la palabra de Jehová" (Isaías 2:2-3).

De acuerdo con el libro de Daniel, "el pueblo que conoce a su Dios se esforzará y actuará", incluso mientras el anticristo esté estableciendo su trono, nuestro destino es llevar a cabo actos heroicos o notables en medio de los supuestos días exaltados del anticristo. No hay tiempo de espera para un creyente, la instrucción en la parábola de las diez minas en Lucas 19:13 es: "Negociad entre tanto que vengo", es decir, hay que ocuparnos. Él no regresará a una iglesia golpeada y vencida, sino a una victoriosa que haya cumplido su misión.

El monte de la economía y las riquezas es extremadamente significativo, el cual debe ser conquistado y será tomado. Mamón ha gobernado sobre ella y los cananeos de la avaricia y la pobreza la han dominado por mucho tiempo. Todo cambiará conforme los revolucionarios de Elías escuchen el llamado de Dios y tomen el monte.

IX

LOS FEREZEOS Y EL MONTE DE LA RELIGIÓN

EL MONTE DE LA religión es el monte con el que estamos más familiarizados como cristianos. Es quizá el único campo de batalla que algunos de nosotros hemos reconocido. Casi accidentalmente, hemos avanzado mucho en este monte, pero aún nos espera una batalla importante. Digo *accidentalmente* porque, en general, hemos avanzado en este monte a través de una gran cantidad de decisiones para Cristo. Hemos llenado el monte con gente, pero no le hemos informado lo suficiente cuál es la misión. La misión es la toma espiritual de los siete montes.

¿Qué es la religión?

La definición de *religión* es "el servicio y la adoración a Dios o a lo sobrenatural".

Hemos aprendido mucho sobre la religión en un contexto negativo, como si fuera sólo un ritual y no algo real. Sin embargo, hay la religión pura y no corrompida que es buena. Las cuatro mayores religiones de la tierra son el cristianismo (dos mil cien millones de seguidores), el islam (mil doscientos millones), el hinduismo (novecientos millones) y el budismo (trescientos setenta y seis millones). Otras religiones importantes son la religión tradicional/popular china (trescientos noventa y cuatro millones) que mezcla diferentes ramas del taoísmo, confucionismo y budismo, las religiones africanas que con frecuencia mezclan lo oculto con el cristianismo/catolicismo y que son practicadas por más de cien millones de personas, el judaísmo con 14 millones y otros millones de personas dispersas en diferentes grupos religiosos.[1]

El cristianismo es la religión de mayor crecimiento en el mundo, siendo la rama carismática pentecostal la que más crece. Hay más de 700 millones de cristianos llenos del Espíritu Santo en el mundo y sus números e influencia crecen exponencialmente, principalmente en Sudamérica y África.

¿Quién gobierna el monte de la religión?

El siguiente pueblo en la lista de Deuteronomio 7 que deberá ser desplazado son los ferezeos cuyo nombre significa "habitante rústico, sin muralla". Vivían en las colinas cerca de las tribus de Judá y José.

> "Y los hijos de José hablaron a Josué, diciendo: ¿Por qué nos has dado por heredad una sola suerte y una sola parte, siendo nosotros un pueblo tan grande, y que Jehová nos ha bendecido hasta ahora? Y Josué les respondió: Si sois pueblo tan grande, subid al bosque, y haceos desmontes allí en la tierra de los ferezeos y de los refaítas, ya que el monte de Efraín es estrecho para vosotros."
>
> JOSUÉ 17:14-15

Lo que representa la tierra de los ferezeos en este libro es la idolatría. En la Biblia, la idolatría siempre se hallaba atrincherada en los "lugares altos", los últimos reductos en las luchas de Israel contra la adoración a dioses falsos. La tierra de los ferezeos también era llamada tierra de gigantes, indicando que la idolatría crea gigantes religiosos que deben ser eliminados. El que su nombre signifique "sin muralla" significa que carecen de protección y el que sean "habitantes rústicos" significa que también experimentan una provisión limitada.

La idolatría despoja a las personas de su protección y provisión. La guerra y las hambrunas son señales comunes de pueblos atrapados en un sistema de adoración falsa. La historia muestra que conforme las personas y las naciones erradiquen la idolatría y se vuelvan a adorar al Dios vivo y verdadero, pronto aparecerá una mejor economía y habrá menos luchas. La idolatría es especialmente insidiosa a causa de que pretende remediar las mismas cosas que produce: la muerte y la escacez.

El significado de la idolatría

La palabra *idolatría* significa:

1. La adoración de un objeto físico como si fuera dios.
2. Un apego o devoción inmoderada hacia algo.

La palabra *ídolo* significa "un objeto de adoración, la simulación de algo, un dios falso, un farsante, un impostor". Por tanto, un idólatra es "una persona que de manera intensa y con frecuencia, ciegamente admira algo o a alguien que no es objeto de veneración". Desde luego, todo esto se resume en un engaño religioso.

La idolatría en el islam

La idolatría central del islam es la adoración de Alá, quien para los musulmanes representa una perspectiva de quien Dios es en realidad, pero esta perspectiva no concuerda con el Dios de la Biblia, ni con el Dios que es Padre de Jesús. También, el acérrimo antitrinitarismo de los musulmanes es un rechazo de Jesús y del Espíritu Santo como expresiones de Dios. Sin importar quien sea a quien intenten venerar, su dios verdadero parece ser el príncipe de Persia con el que Daniel lidió en el Antiguo Testamento.

El profeta Mahoma también es idolatrado. El discutir con razonamientos no tiene valor para alcanzar a muchos musulmanes para Cristo; sin embargo, una vez que los musulmanes sienten la presencia y el poder del Espíritu Santo, arrojan a un lado sus argumentos en contra del cristianismo, y se muestran muy dispuestos a aceptar a un Dios real de presencia. Hay multitudes en el Oriente Medio que están llegando al Señor conforme Él se revela a ellos en un sueño o en forma personal.

La idolatría en el hinduismo

La idolatría en el hinduísmo está tan generalizada, es tan extrema y extensa que está bien establecida como la religión más idólatra del planeta (se calcula que tiene trescientos treinta millones de dioses). Los hindúes generalmente venden su alma a una vasta gama de demonios que, por tanto, tienen el poder para dominarlos, provocando una falta de provisión y protección, sin mencionar que son engañados para ir a la infierno, que es el lugar final de desamparo total. Mientras que un musulmán puede ser muy estrecho espiritualmente (solo acepta a Alá y a su profeta), la mayor parte de los hindúes están abiertos a todo, aceptan a cualquier dios nuevo que pueda otorgarles algún favor. Con ellos, el mayor obstáculo no es hacer que se decidan por el Señor, sino que eliminen a todos los demás dioses de sus vidas. Sus prácticas idólatras los vuelven verdaderas "puertas giratorias", todo puede entrar y cualquier cosa puede salir. Por el lado positivo, cuando un Hindú tiene un verdadero encuentro con el poder de Dios, él o ella responde con una devoción extrema hacia Él.

La idolatría en el budismo

El budismo también está lleno de una cantidad notoria de ídolos e imágenes y en ese respecto quizá solo sea segunda al hinduismo; sin embargo, teóricamente es una religión muy diferente, pues oficialmente es no deísta. No obstante, en cualquier momento en que los ídolos y las imágenes están involucrados en la fe, de hecho se está sirviendo a los demonios detrás de las imágenes. Probablemente el mayor ídolo para el budismo es el "yo" y, en efecto, se manifiesta como una religión del humanismo. La meta es llegar al estado iluminado del *nirvana*, que es básicamente una glorificación de las posibilidades utópicas de la humanidad. Pero hasta el nirvana termina en la pobreza y la carencia para el individuo. La mayor esperanza del budismo es escapar de los ciclos de dolor y sufrimiento al convertirse finalmente en un "no ser". El nirvana es una unidad universal en la que el individuo ya no existe.

El budismo se mezcla muy bien con lo que llamamos las creencias de la Nueva Era. En el centro, su énfasis en el camino individual a la salvación a través de obras, meditación y auto-disciplina sirve como un intento para deificar al hombre. Aboga por lo que todos estamos de acuerdo que es bueno (paz, gozo, amor y esperanza), pero el problema es que busca un estado humano alterado para lograrlo. Intenta un camino de salvación lejos de Jesús lo cual, desde luego, es imposible. Los budistas tienden a estar abiertos a experimentar nuevas posibilidades espirituales, y por tanto, también pueden estar abiertos al Señor, pero su resistencia al cristianismo es mayor que la de los hindúes, en especial cuando recuerdan que son no-deístas.

Otras formas de idolatría

Las religiones tradicionales chinas comparten el mismo enfoque y sentir que el budismo. Su énfasis principal está en la iluminación y la sabiduría, especialmente con el agregado de la influencia confuciana junto con cualidades como la nobleza y el honor mezcladas con actitudes idolátricas hacia los ancestros y las riquezas.

Las religiones tradicionales africanas que también fueron llevadas al Caribe en el vudú y la santería son mucho más oscuras y más abiertas y demoníacas. La brujería y los rituales de sangre, están mezclados con frecuencia con algunos elementos simbólicos de Jesús y Dios, los cuales están en gran medida basados en el miedo e infectados de idolatría.

He enumerado solamente las religiones principales del mundo, pues existen expresiones y variaciones ilimitadas esparcidas por todo el mundo, lo cual haría imposible cubrirlas de manera exhaustiva, pero en cada caso, el monte de la religión está lleno de idolatría.

El rey de los ferezeos

El principado que ocupa la cima del monte de la religión es el espíritu religioso, un demonio al que se le ha encomendado robar la adoración que pertenece a Dios. Los seres humanos saben de forma innata que hay un Dios y que debemos aproximarnos a Él de alguna manera. El trabajo del espíritu de la religión es usurpar la dirección de ese impulso dado por Dios y llevar la adoración que le corresponde a otro lugar. La siguiente es su lista de preferencias para robar la adoración:

- Inspirar adoración abierta e intencional a Satanás (satanismo).
- Desviar la adoración hacia objetos (ídolos) originados en la mente de Satanás (adoración secundaria a Satanás).
- Dirigir la adoración al hombre mismo (Satanás no la recibe, pero sabe que le desagrada a Dios).
- Hacer la adoración vaga y simbólica. Si Dios tiene que ser venerado, en la medida de lo posible evitar mencionar a Jesús.
- Si existe una relación con Dios a través de Jesús, entonces eliminar al Espíritu Santo de la doctrina.
- Si tiene una relación verdadera con Dios a través de Jesús y el Espíritu Santo, entonces eliminar sus manifestaciones de poder (cesacionismo y dispensacionalismo).
- Si existe una relación real con Dios a través de Jesús que incluya manifestaciones de poder del Espíritu Santo, entonces obstruir la comprensión teológica de lo cerca que es posible llegar a Dios y cuánta autoridad nos fue dada en la tierra (creando así, personas que, inmóviles, se dedican a esperar el rapto).

El espíritu religioso obrará en cualquier nivel de compromiso que tenga alguien en su búsqueda de Dios. Su trabajo es añadir una *sensación* de religiosidad a lo que sea, incluyendo la adoración directa al Creador mismo. Si somos implacables en nuestra búsqueda de Dios, el espíritu tratará de hacer que nos centremos en las cosas buenas que provienen de Dios para ver si buscamos eso en lugar de buscarlo a Él. Tratará de formar o apilar ídolos en cada oportunidad para robar la adoración a Dios. Si no adoramos un ídolo evidente, trabajará con los ferezeos para que idolatremos a un líder cristiano, una doctrina, una manifestación, los dones espirituales o la provisión de Dios, cualquier cosa que pueda usar para obstruir que veamos al Señor, y es muy bueno en su trabajo.

El espíritu religioso es un maestro en hacer que hasta los creyentes maduros y llenos del Espíritu se estanquen en su adoración. Nos coaccionará e inducirá a detenernos y conmemorar un momento de gloria, una enseñanza o una experiencia para que nos quedemos ahí (lo cual con frecuencia llamamos, quedarnos en un odre viejo). Sabiendo que se supone que debemos aprender de la historia, el espíritu religioso tratará de que nos quedemos encerrados en viejas tradiciones. Se siente satisfecho con lo que sea que pueda hacer para apagar al Espíritu Santo, su obra y su avance en la actualidad. Si no puede evitar que seamos salvos, por lo menos intentará que nos mantengamos ahí. Si insistimos en el poder del Espíritu Santo, obrará para restringirlo sólo a las lenguas. Si insistimos en todo lo que Dios tiene para nosotros, intentará por lo menos restringir nuestro terreno de operaciones al hacernos "cristianos de domingo" que sólo adoren al Señor en la iglesia. Utiliza cualquier forma de idolatría en cualquier oportunidad para apartar a Dios de nuestros ojos y robar nuestra verdadera adoración.

El poder de este principado no está en su fuerza espiritual, sino en sus mentiras. Cuando creemos sus mentiras, le damos poder. El espíritu religiosos obra mejor disfrazándose. Muy pocos eligen adorar a Satanás como el demonio que es, así que se presenta sigilosamente como ángel de luz. La mayor parte de sus doctrinas que engañan a las masas conllevan muchos elementos de verdad, pues defenderá todas las características de los frutos del Espíritu Santo si puede convencer a las personas de que dichas características pueden obtenerse fuera de Él. Con frecuencia, sus doctrinas se muestran como una hogaza perfecta de pan rociada con veneno mortal. Algunas doctrinas de la Nueva Era están casi completamente en lo cierto, con la excepción de que excluyen a Jesús o al Espíritu Santo.

Un ejemplo es la paz, que es una característica bíblica, suena bien en cualquier fe que la defienda, pero la paz fabricada humanamente, que es sencillamente negar un factor de tensión, no se compara con la "paz que sobrepasa todo entendimiento" que proviene de nuestro Príncipe de Paz. Cuando no se sabe que dicho tipo de paz es una posibilidad real, la capacidad de enmascarar los síntomas parece mejor que el dolor crudo que se sentía antes. El espíritu de la religión prospera donde no se ha dado un buen ejemplo de cristianismo bíblico y poderoso.

El rol central del Espíritu Santo

Se necesitarían volúmenes enteros para cubrir completamente el papel del Espíritu Santo y cómo se relaciona con todos los ministerios del Cuerpo de Cristo. Para nuestros fines en este libro, sólo haremos algunas observaciones importantes. Mencioné que el espíritu de la religión prospera en ausencia de un cristianismo auténtico, bíblico y poderoso. Cuando somos modelo de un cristianismo que no lleva poder, presencia y pasión, estamos demostrando un producto de tan baja calidad, que las imitaciones baratas pueden proliferar. Por otro lado, todas las demás religiones del monte, ya sean el islam, el budismo o el hinduismo pueden ser fácilmente desplazadas sencillamente cuando aparece un cristianismo en el poder del Espíritu Santo.

Desde la atención renovada que se comenzó a dar al Espíritu Santo hace cien años mediante el avivamiento de la Calle Azusa, el cristianismo ha explotado en todo el mundo como nunca antes. En lo que lleva este siglo, también ha habido un incremento en las conversiones al cristianismo. Casi 70 por ciento de quienes han sido salvos en la historia del mundo han llegado a Cristo desde el derramamiento del Espíritu en Azusa en 1906. No es una coincidencia que más de la mitad de las conversiones en el mundo han tenido lugar a partir de 1948, año en que Israel se volvió un país de nuevo. Más musulmanes han aceptado al Señor desde 1980 que en los mil años anteriores. Un alto porcentaje de dicho crecimiento ha ocurrido desde el 11 de septiembre de 2001. En 1900, la proporción de cristianos a no cristianos en todo el mundo era de 1 a 27, ahora es de 1 a 2, es decir, 33 por ciento de la población mundial (cuando se trata de contar solo a quienes de verdad han nacido de nuevo, la proporción puede llegar a ser de 1 a 5). De cualquier manera que lo veamos, este último siglo ha visto al Espíritu Santo moverse en su pueblo como nunca antes, haciendo que el monte de la religión tiemble y que sus fuerzas oscuras sean rápidamente desplazadas.

Satanás ha estado dispuesto a concedernos un Padre Dios en el cielo que nos ama y está a cargo de todo. De mala gana, ha soportado a un Jesús, quien murió por nuestros pecados para que un día podamos llegar al cielo. Pero lo que en verdad le molesta es la dimensión de Dios que el Espíritu Santo trae al planeta tierra, pues Él es quien nos trae la presencia, el poder y la pasión de Dios. Sin Él, nuestra religión está muerta en su mayor parte (aun cuando tengamos la doctrina correcta sobre Dios y Jesús). La Divinidad funciona como una Trinidad, cada parte de la cual tiene un papel en la redención del hombre y en el establecimiento del Reino de Dios en la tierra. El Espíritu Santo es el agente de la Trinidad que nos fue dado específicamente en nuestro tiempo, lo cual es un misterio, como muchos aspectos de la Trinidad, pero debemos aceptar lo que nos ha sido revelado. El Padre envió a Jesús, quien, en la cruz, pagó el precio por la redención del hombre y de toda la creación. Jesús dijo a sus discípulos que además de la redención en la cruz, su propósito era enviar al Espíritu Santo para ayudarlos.

"Os he dicho estas cosas estando con vosotros. Mas el Consolador, el Espíritu Santo, a quien el Padre enviará en mi nombre, él os enseñará todas las cosas, y os recordará todo lo que yo os he dicho."

JUAN 14:25-26

"Pero cuando venga el Espíritu de verdad, él os guiará a toda la verdad; porque no hablará por su propia cuenta, sino que hablará todo lo que oyere, y os hará saber las cosas que habrán de venir."

JUAN 16:13

"Y estando juntos, les mandó que no se fueran de Jerusalén, sino que esperasen la promesa del Padre, la cual, les dijo, oísteis de mí. Porque Juan ciertamente bautizó con agua, mas vosotros seréis bautizados con el Espíritu Santo dentro de no muchos días. [...] Pero recibiréis poder, cuando haya venido sobre vosotros el Espíritu Santo, y me seréis testigos en Jerusalén, en toda Judea, en Samaria, y hasta lo último de la tierra."

HECHOS 1:4-5 Y 8

La razón por la que Satanás lucha contra nosotros tan enérgicamente en lo relativo al Espíritu Santo es que Él nos permite ser todo lo que el Padre desea que seamos. Él es nuestro maestro (Juan 14:25), nuestro profeta (Juan 16:13) y quien nos fortalece (Hechos 1). El otro lado es que sin Él, *no* sabríamos cosas que hay que saber, *ni* el porvenir, *ni* tendríamos poder. Sin duda, el espíritu de la religión es el que quiere que la Iglesia se conforme con un Espíritu Santo insulso y teórico que no se manifieste en realidad. Nos dice mentiras como "el Espíritu Santo es un caballero", aunque en su primera manifestación en Hechos 2 es descrito como un viento recio que creó un caos; también dirá cosas como "el Espíritu Santo no trae confusión" cuando las Escrituras muestran bastantes ejemplos de lo opuesto. (Nota: es cierto que 1 Corintios 14:33

dice que Dios no es un Dios de confusión, pero Pablo se dirigía a una iglesia en la que todos competían para profetizar y hablar en lenguas, perturbando el flujo del Espíritu. Sin embargo, eso no significa que Dios no está donde sea que veamos confusión. Con frecuencia, los discípulos de Jesús quedaban confundidos por lo que decía. "Lo insensato de Dios" con frecuencia confundía a lo sabio (1 Corintios 1:25) y el Espíritu casi siempre desafiaba las expectativas de las personas:

> "Moraban entonces en Jerusalén judíos, varones piadosos, de todas las naciones bajo el cielo. Y hecho este estruendo, se juntó la multitud; y estaban confusos, porque cada uno les oía hablar en su propia lengua. [...] Y estaban atónitos y maravillados, diciendo: Mirad, ¿no son galileos todos estos que hablan? ¿Cómo, pues, les oímos nosotros hablar cada uno en nuestra lengua en la que hemos nacido? [...] Y estaban todos atónitos y perplejos, diciéndose unos a otros: ¿Qué quiere decir esto? Mas otros, burlándose, decían: Están llenos de mosto".
>
> Hechos 2:5, 6, 7, 8, 12 y 13

El Espíritu Santo llega con un "odre nuevo" (el mosto es el jugo del que se fermenta el vino nuevo) para asegurar que nos mantengamos frescos. Cuando llega por primera vez en una nueva medida, rompe los recipientes viejos. Los devotos siempre quedan confundidos, sorprendidos y perplejos e inevitablemente juzgarán las manifestaciones que no encajan en el odre viejo. Pedro tuvo que señalar en el versículo 15 que no estaban ebrios como suponían los espectadores, y ellos "suponían" porque los que estaban llenos por el Espíritu en ese momento parecían ebrios. El espíritu de la religión llega y señala cuando algo no parece ser religioso, y tiene razón, cuando el Espíritu Santo llega con poder, sus manifestaciones no parecen religiosas, pero traen una dimensión del cielo a la tierra. La primera vez que se presentó, vino un estruendo del cielo, lenguas de fuego y un brote de lenguas, fue ruidoso, visible y muy activo. Se entiende una imagen similar en la sala del trono de Dios en Apocalipsis 4, donde relámpagos, truenos, voces y lámparas de fuego y extrañas criaturas no dejan de hacer ruido noche y día.

Pablo indicó que cuando apareciera, no sería un tiempo de serenidad religiosa.

"Así que, hermanos, cuando fui a vosotros para anunciaros el testimonio de Dios, no fui con excelencia de palabras o de sabiduría. [...] Y estuve entre vosotros con debilidad, y mucho temor y temblor; y ni mi palabra ni mi predicación fue con palabras persuasivas de humana sabiduría, sino con demostración del Espíritu y de poder, para que vuestra fe no esté fundada en la sabiduría de los hombres, sino en el poder de Dios."

1 Corintios 2:1, 3-5

Por lo que él mismo dice, Pablo no era un buen orador y aparentemente tenía el problema de ser temeroso al hablar; no obstante, cuando se presentó, llevó el mismo Espíritu Santo de Hechos 2 y hubo algún tipo de manifestación del Espíritu y de poder. Para quienes la buscan, aquí está el fundamento Bíblico para las manifestaciones que vemos en las personas que experimentan el poder de Dios. No dice exactamente lo que eran o lo que no eran, pero había evidencia clara de que había un poder mayor en aquél lugar.

La alternativa a la vida en el Espíritu Santo se describe en 2 Timoteo 3:

"También debes saber esto: que en los postreros días vendrán tiempos peligrosos. Porque habrá hombres amadores de sí mismos, avaros, vanagloriosos, soberbios, blasfemos, desobedientes a los padres, ingratos, impíos, sin afecto natural, implacables, calumniadores, intemperantes, crueles, aborrecedores de lo bueno, traidores, impetuosos, infatuados, amadores de los deleites más que de Dios, que *tendrán apariencia de piedad, pero negarán la eficacia de ella*; a éstos evita".

Timoteo 3:1-5 (énfasis del autor)

Es interesante que el pasaje anterior se relaciona de manera específica con los últimos tiempos que serán peligrosos, donde habrá una forma de piedad sin eficacia. "Porque el Reino de Dios no consiste en palabras, sino en poder" (1 Corintios 4:20). Practicar un Evangelio sin poder produce una clase inferior de cristianismo en el cual sus seguidores parecen más amantes del placer que amantes de Dios. El propósito de adoptar un evangelio centrado en el Espíritu es producir gente que ame a Dios apasionadamente. Es muy difícil apasionarse por un Dios que ya no habla, sana, libera ni se manifiesta de alguna forma.

Tomar el monte de la religión y la adoración es una tarea para revolucionarios de Elías radicales, apasionados, locos de amor por Dios y hambrientos del Espíritu Santo. Si todo lo que usted tiene son perogrulladas y principios, entonces aléjese de este monte. Pablo dijo que era peligroso que la gente obtuviera su fe sólo de la sabiduría humana (vea 1 Corintios 2:5). Aléjese del monte si le encantan las reuniones que comienzan y terminan en punto, si le gustan tres canciones y una oración y considera que eso es alabanza, si nunca ha tenido una experiencia sobrenatural con Dios y todavía no la quiere, si le gusta la religión estéril y ordenada, si le gusta un río en el que sólo pueda mojar los dedos de los pies, pero no uno que lo arrastre a las profundidades y lo fuerce a nadar (vea Ezequiel 47).

Dios necesita hombres y mujeres, santos, radicales, marcados por el fuego para tomar este monte y, entonces, las religiones falsas serán desplazadas a un ritmo más acelerado. No haga un ídolo de nada que robe su pasión personal por el Señor y no deje que el espíritu de la religión lo engañe para detenerse a acampar en cualquier sitio de su andar con el Señor. Debe seguir moviéndose con la columna de nube como lo tuvieron que hacer los hijos de Israel para que el Señor por fin los llevara a la Tierra Prometida para desplazar a las siete naciones mayores y más poderosas que ellos.

Lo que el Espíritu Santo infunde y establece

Sólo me he referido brevemente a algunas de las funciones del Espíritu Santo, pero quiero enfatizar que la obra del Espíritu Santo no solo es emocional, es una obra muy profunda que puede transformarnos a la imagen de Jesús en carácter y poder. También es el trabajo del Espíritu Santo establecer la estructura adecuada de la iglesia edificada sobre apóstoles y profetas, donde Jesucristo es la piedra angular. Se manifiesta en la iglesia con:

- *El carácter de Dios:* el fruto del Espíritu Santo (Gálatas 5:22-23).

- *El poder de Dios:* los dones del Espíritu Santo (1 Corintios 12:1-11).
- *La estructura de Dios:* Los cinco ministerios de la iglesia (Efesios 4:11-13).

Los niveles del monte

Ya he mencionado que las principales religiones del mundo se encuentran en la cima del monte. El cristianismo ya está ahí, pero el Señor está mejorando nuestra comprensión de la plenitud de nuestra herencia. El islam, el hinduismo y el budismo están con nosotros en la cima. Un poco más abajo están algunas de las religiones tradicionales de China, África y otros lugares. En los niveles inferiores se encuentra una multitud de sectas y prácticas religiosas locales.

Detrás de las religiones terrenales que ocupan la cima están los poderes invisibles que hemos discutido: el espíritu de la religión, los ferezeos (la idolatría) y el príncipe de Persia a los cuales debemos retirar. Los verdaderos adoradores han recibido autoridad para desplazar a todo enemigo de la cima del monte "así Jehová el Señor hará brotar justicia y alabanza delante de todas las naciones" (Isaías 61:11). Al final, el monte de la religión será el monte de la verdadera adoración, y la alabanza brotará ante todas las naciones.

La fortaleza geográfica de la religión

Geográficamente, Jerusalén ocupa la cima del monte de la religión, la cual es vista como capital por cuatro de las religiones principales del mundo. El espíritu religioso, consciente del papel de Jerusalén en los últimos tiempos, intenta con vehemencia limitar el cumplimiento inevitable de la profecía. La ciudad debe ser arrebatada de las garras del diablo y lo será, provocando un efecto en cascada sobre todo el mundo. Conocemos la ciudad de David como el lugar sobre el que Jesús lloró y donde literalmente fue derramada su sangre; además, muchos textos hablan del increíble destino de la Jerusalén natural.

"Pedid por la paz de Jerusalén; sean prosperados los que te aman."

Salmos 122:6

"Desde Sion sea bendecido Jehová, quien mora en Jerusalén. Ale-
luya."

SALMOS 135:21

"Si me olvidare de ti, oh Jerusalén, pierda mi diestra su destreza. Mi
lengua se pegue a mi paladar, si de ti no me acordare; si no enalte-
ciere a Jerusalén como preferente asunto de mi alegría."

SALMOS 137:5-6

"Como las aves que vuelan, así amparará Jehová de los ejércitos a
Jerusalén, amparando, librando, preservando y salvando."

ISAÍAS 31:5

"Sobre tus muros, oh Jerusalén, he puesto guardas; todo el día y
toda la noche no callarán jamás. Los que os acordáis de Jehová, no
reposéis, ni le deis tregua, hasta que restablezca a Jerusalén, y la
ponga por alabanza en la tierra."

ISAÍAS 62:6-7

"Por tanto, así ha dicho Jehová: Yo me he vuelto a Jerusalén con
misericordia; en ella será edificada mi casa, dice Jehová de los ejércitos, y la plomada será tendida sobre Jerusalén."

ZACARÍAS 1:16

"Y Jehová poseerá a Judá su heredad en la tierra santa, y escogerá
aún a Jerusalén."

ZACARÍAS 2:12

"Así dice Jehová: Yo he restaurado a Sion, y moraré en medio de
Jerusalén; y Jerusalén se llamará Ciudad de la Verdad, y el monte
de Jehová de los ejércitos, Monte de Santidad."

ZACARÍAS 8:3

Jerusalén algún día será llamada la Ciudad de la Verdad. Es su
destino inevitable, será el monte del Señor, su monte de *santidad*;
por ello, Jerusalén misma se vuelve el campo de batalla principal para
liberar la verdad a todo el monte de la religión.

Lo que dice la Biblia sobre la religión y los últimos tiempos

Hemos cubierto muchos versículos, pero aún quiero repasar dos textos que hablan de los últimos tiempos. Isaías 2 ha sido nuestro capítulo guía sobre los últimos días cuando la casa del Señor será exaltada. Cubre de manera extensa el último juicio a la idolatría:

"Además su tierra está llena de ídolos, y se han arrodillado ante la obra de sus manos y ante lo que fabricaron sus dedos" (versículo 8).

"Porque día de Jehová de los ejércitos vendrá sobre todo soberbio y altivo, sobre todo enaltecido, y será abatido" (versículo 12).

"La altivez del hombre será abatida, y la soberbia de los hombres será humillada; y solo Jehová será exaltado en aquel día. Y quitará totalmente los ídolos. Y se meterán en las cavernas de las peñas y en las aberturas de la tierra, por la presencia temible de Jehová, y por el resplandor de su majestad, cuando él se levante para castigar la tierra" (versículos 17-19).

"Aquel día arrojará el hombre a los topos y murciélagos sus ídolos de plata y sus ídolos de oro, que le hicieron para que adorase, y se meterá en las hendiduras de las rocas y en las cavernas de las peñas, por la presencia formidable de Jehová, y por el resplandor de su majestad, cuando se levante para castigar la tierra" (versículos 20 y 21).

Todos los versos anteriores confirman aún más que vendrá mucha ayuda del cielo para tomar los montes. La promesa que siempre tuvo Israel cuando se le dijo que entrara a la Tierra Prometida fue que Dios iría delante para pelear por ellos. Nuestro trabajo es sencillamente colocarnos en posición para la consiguiente toma del monte. El otro pasaje que debemos examinar es Daniel 12, un capítulo lleno de peligro, promesa e intriga, que según el mismo, está velado y es misterioso. Comienza con el anuncio del arcángel Miguel:

"En aquel tiempo se levantará Miguel, el gran príncipe que está de parte de los hijos de tu pueblo; y será tiempo de angustia, cual nunca fue desde que hubo gente hasta entonces; pero en aquel tiempo será libertado tu pueblo, todos los que se hallen escritos en el libro" (versículo 1).

En este preciso tiempo de angustia, en especial para Israel, hay una gran promesa para los resplandecientes hijos del reino.

"Los entendidos resplandecerán como el resplandor del firmamento; y los que enseñan la justicia a la multitud, como las estrellas a perpetua eternidad" (versículo 3).

Después, Daniel pregunta en el versículo 6:

"¿Cuándo será el fin de estas maravillas?"

La respuesta viene en el versículo 7:

"Cuando se acabe la dispersión del poder del pueblo santo, todas estas cosas serán cumplidas".

Daniel escuchó pero no entendió.

"El respondió: Anda, Daniel, pues estas palabras están cerradas y selladas hasta el tiempo del fin. Muchos serán limpios, y emblanquecidos y purificados; los impíos procederán impíamente, y ninguno de los impíos entenderá, pero los entendidos comprenderán" (versículos 9-10).

La última afirmación es de enorme importancia, significa que podemos esperar una revelación progresiva de los secretos de Daniel 12 conforme nos acerquemos al tiempo del fin, que sucederá "cuando se acabe la dispersión del poder del pueblo santo" (en otra versión aparece "pueblo religioso", que es una mejor traducción. Se refiere a un tiempo en el que sea destruido cualquier otro poder religioso, un tiempo en que se cumpla Isaías 2 y todos los ídolos y los idólatras sean juzgados.

Se aproxima un momento en el que el monte de la religión será completamente poseído por los "entendidos", un tiempo en el que su poder eclipsará el poder religioso. La palabra hebrea es *nafats*, que significa "romper, quebrar, lanzar, romper en trozos, pulverizar". Se aproxima un desmantelamiento y pulverización completa de las obras del espíritu religioso, así como de todos los que no hayan salido de su influencia.

Nuestro último enemigo religioso

El islam es la única religión extensa en el mundo, aparte del judaísmo y el cristianismo que es monoteísta. Los musulmanes representan 20 por ciento de la población mundial que en la actualidad domina la atención del planeta de una forma negativa en gran medida. La potestad del príncipe de Persia mantiene en cautiverio a más de mil millones de almas, es una religión que posee muchos elementos del anticristo. Pero, a pesar de ello, podría ser una manifestación suya. El islam está en contra de Israel y en contra de los cristianos, oprime a las mujeres y está dispuesto a sacrificar las vidas de los niños por su causa, todas las cuales son las marcas del anticristo, pero a pesar de ello, no los veo como el enemigo final de la verdadera esposa del Cordero en los últimos tiempos.

Veo que pronto vendrá un día en que el poder cegador detrás del islam será disperso y que de pronto, todos los que estaban cautivos podrán ver. Veo un día en que el islam colapse casi de la misma manera en que colapsaron el comunismo y la cortina de hierro. Se está erosionando todos los días, pero un suceso futuro provocará una deserción en masa de millones de musulmanes que llegarán a la casa del Señor y lo que traerán a ella es algo que en verdad necesita el monte de la adoración: la pasión, el fervor y la pureza que inyectarán a la iglesia. Adoptarán toda la herencia sobrenatural que gran parte de la iglesia ha rechazado hasta ahora. Ese día viene pronto, y será parte de la reconstrucción total que viene para el Cuerpo de Cristo. Nos impactará la manera tan rápida y poderosa en que el islam será aplastado. No es nuestro último enemigo religioso.

Nuestro último enemigo religioso será más difícil de discernir: porque será lo que ha llegado al monte de la religión haciéndose llamar cristiano. Tal como Jesús enfrentó la mayor persecución de los mismos que supuestamente estaban buscando al Mesías, también la iglesia al avanzar enfrentará su mayor desafío por parte de quienes profesan a Jesús. Ellos serán el último "pueblo religioso" que será disperso, no serán enemigos para nosotros, nosotros seremos enemigos para ellos.

Es muy posible que el principado bajo el cual obrarán será el del "príncipe de Grecia", el espíritu del razonamiento humano. Un equipo formado en los últimos tiempos por el espíritu religioso y el príncipe de Grecia será un gran desafío a superar. Como en los tiempos de Jesús, estos serán quienes en teoría estén de acuerdo con Dios, pero que lo rechazarán por haber venido en una presentación diferente de lo que esperaban y luchan contra Él desesperadamente. El cristianismo producto del "hemisferio izquierdo" será el último enemigo religioso que la iglesia de Jesucristo tendrá que enfrentar. Esta es la versión del cristianismo que es una forma de piedad sin eficacia.

La razón por la que tal tipo de cristianismo será un enemigo tan difícil es que, por un tiempo, estará mezclado con la verdadera iglesia en ascenso. Vendrá un tiempo en el que parecerá que todo el mundo se habrá convertido o que está a punto de convertirse, no quedará ninguna otra religión importante para derribar del monte. Cuando eso suceda, el espíritu religioso se reinventará a sí mismo para formar equipo con el príncipe de Grecia. Todos los creyentes que no hayan sido libres del racionalismo quedarán bajo su poder. Entonces intentarán utilizar el poder recién hallado por la cristiandad para impulsar su propia versión de cristianismo: una doctrina intelectual y sofisticada. Este último anticristo se verá bien pero estará en su último disfraz, un verdadero lobo en piel de oveja. Creo, que esto es lo que representa el cuarto cuerno de la bestia en Daniel 7:20: "Y este mismo cuerno tenía ojos, y boca que hablaba grandes cosas, y parecía más grande que sus compañeros".

El príncipe de Grecia siempre habla grandes cosas. El mundo filosófico en el que Jesús hizo su entrada era uno que valoraba las cuestiones sofisticadas e intelectuales, era una sociedad impulsada por las imágenes, apoyada en la vanagloria de la vida. Las dotes de oratoria eran muy exaltadas y valoradas; el debate y la persuasión eran las habilidades más respetadas, por ello es que Jesús, sus discípulos y Pablo fueron una afrenta tan grande para dicha cultura, "porque el reino de Dios no consiste en palabras, sino en poder" (1 Corintios 4:20).

Después de la gran cosecha que al parecer barrerá casi el mundo entero, aparecerá un anticristo que aparentará ser más grande que sus compañeros.

El espíritu del anticristo se mostró en Hitler y tuvo el poder suficiente para engañar a una nación; ahora, se manifiesta de nuevo en el islam radical y tiene bajo su dominio a casi mil millones de personas, pero su última aparición será la más impresionante, de la cual habla Daniel 7:21: "Y veía yo que este cuerno hacía guerra contra los santos, y los vencía". El último anticristo, el mejor disfrazado, prevalecerá por un tiempo en contra de los santos, quienes acaban de experimentar una cosecha mundial enorme.

Anticristo también puede traducirse como "en contra de la unción", pues la palabra griega *cristos* significa "unción" (es una traducción de la palabra hebrea para *mesías*, la cual significa "ungido"). Al final, se discernirá quién es el anticristo por su postura en contra de la unción, hablará grandes palabras y sutilmente se opondrá a todas las manifestaciones del poder del Espíritu Santo. Los creyentes que vivan resistiendo la unción, se volverán, sin saberlo, parte de la resistencia del anticristo, serán instrumentos del que está en contra de la unción.

La otra marca del último anticristo será el antisemitismo, lo cual hará que resalte más que cualquier otro. Esta potestad tendrá que obrar de una manera tan convincente, que podrá volver la opinión mundial en contra de los judíos, lo cual quizá se haga en el nombre de Jesús, repitiendo de ese modo el error trágico de las cruzadas y de otros tiempos. Los creyentes se protegerán del impresionante anticristo final amando la unción y amando la salvación que se prometió a Israel.

Como quizá lo habrá notado, las semillas del último anticristo ya están esparcidas a lo largo de la cristiandad. De hecho, podemos asegurar una derrota rápida del último anticristo al recibir una vacuna por medio de la unción del Espíritu Santo para que podamos reconocer con rapidez al elocuente espíritu. Sin importar los esfuerzos del anticristo, su final está asegurado, y no es bueno.

> "Hasta que vino el Anciano de días, y se dio el juicio a los santos del Altísimo; y llegó el tiempo, y los santos recibieron el reino."
>
> DANIEL 7:22

El final de todo será que los santos poseerán el Reino aquí en la tierra, lo cual está establecido varios versículos antes: "Después recibirán el reino los santos del Altísimo, y poseerán el reino hasta el siglo, eternamente y para siempre" (Daniel 7:18). El Reino se recibe aquí en la tierra: "Venga tu reino. Hágase tu voluntad, como en el cielo, así también en la tierra" (Mateo 6:10). La Biblia nunca nos dice que saldremos volando para recibir el Reino, aquí luchamos por él y aquí lo recibiremos.

¿Cuánto tiempo prevalecerá el anticristo?

"Y hablará palabras contra el Altísimo, y a los santos del Altísimo quebrantará, y pensará en cambiar los tiempos y la ley; y serán entregados en su mano hasta tiempo, y tiempos, y medio tiempo."

Daniel 7:25

Aunque existen muchas especulaciones sobre lo que significa "hasta tiempo, y tiempos, y medio tiempo", creo que la vaguedad de la cronología es en sí misma una señal de que no es algo fijo e inamovible. Creo que el fuego purificador que el Señor permitirá que llegue a la iglesia vendrá para librarnos de las impurezas del príncipe de Grecia que se han infiltrado en ella desde los tiempos de Jesús. Otra prueba será ver si permanecemos con Israel cuando nuestra propia vida esté en peligro. El tiempo para dicha obra de purificación no está determinado, mientras menos preparados estemos más intenso será el fuego. Si la Revolución de Elías cumple su cometido, el tiempo podría ser corto, podríamos ver un cumplimiento bastante rápido de los siguientes dos versículos de Daniel 7.

"Pero se sentará el Juez, y le quitarán su dominio para que sea destruido y arruinado hasta el fin, y que el reino, y el dominio y la majestad de los reinos debajo de todo el cielo, sea dado al pueblo de los santos del Altísimo, cuyo reino es reino eterno, y todos los dominios le servirán y obedecerán."

Daniel 7:26-27

Tenga en cuenta que todo lo anterior sigue sucediendo debajo del cielo, que el dominio es dado a los santos. En última instancia, el anticristo es un vaso para la purificación final de su pueblo. Su novia será "una iglesia gloriosa, que no tuviese mancha ni arruga ni cosa semejante, sino que fuese santa y sin mancha" (Efesios 5:27).

Si le sorprende que el pensamiento griego sea lo último que Dios necesita purgar de su novia, entonces tómelo a pecho. Este mismo tipo de pensamiento es el que hizo caer a Lucifer (la soberbia, enfocada en su imagen y muchas palabras fabulosas y pomposas). Fue sutil al sólo decir que quería ser "semejante al Altísimo" (Isaías 14:14). Cuando pensamos que podemos hacer algo sin el Espíritu Santo (y su unción), estamos bajo la influencia del espíritu de soberbia. El Dios que comenzó una buena obra en nosotros debe terminarla. Él es Alfa y Omega, y en Él, y solo en Él, "vivimos, y nos movemos, y somos" (Hechos 17:28).

El recurrir a nuestras propias palabras y hechos iluminados por una mente racional puede no parecer un gran delito, pero hacerlo provocó que Abraham tuviera a Ismael, quien aún lucha contra los descendientes de Isaac; evitó que Samuel, al igual que el padre y los hermanos de David, lo vieran como rey; es por ello que quienes buscaban al Mesías, los eruditos en profecía y los fariseos no pudieron verlo. Los mismos que buscaban al Ungido llegaron a ser el anticristo de aquel momento y quienes finalmente lo mataron, lo cual propició la redención de toda la humanidad, pues el anticristo *exageró* en sus facultades. Los fariseos se opusieron a Jesús por la manera en que razonaban (vea Marcos 2:6-8 para leer un ejemplo de muchos sobre cómo el razonamiento humano se oponía a Jesús).

Un último pasaje profético de Zacarías 9 nos habla de la victoria final de los hijos de Sión en contra de los hijos de Grecia. Esto se refiere al último desplazamiento de los "religiosos" que se llevará a cabo en el monte de la religión y la adoración.

"Porque he entesado para mí a Judá como arco, e hice a Efraín su flecha, y despertaré a tus hijos, oh Sion, contra tus hijos, oh Grecia, y te pondré como espada de valiente. Y Jehová será visto sobre ellos, y su dardo saldrá como relámpago; y Jehová el Señor tocará trompeta, e irá entre torbellinos del austro. Jehová de los ejércitos los amparará, y ellos devorarán, y hollarán las piedras de la honda, y beberán, y harán estrépito como tomados de vino; se llenarán como tazón, o como cuernos del altar. Y los salvará en aquel día Jehová su Dios como rebaño de su pueblo; porque como piedras de diadema serán enaltecidos en su tierra. Porque ¡cuánta es su bondad, y cuánta su hermosura! El trigo alegrará a los jóvenes, y el vino a las doncellas."

ZACARÍAS 9:13-17

El enfoque múltiple

Al igual que todos los demás montes, el de la religión requiere un ataque por múltiples frentes. El espíritu religioso y los ferezeos (que simbolizan la idolatría) que ocupan el monte son sencillamente manifestaciones de la adoración falsa. Todos los que se aventuren a penetrar este monte, deberán tener un compromiso de ser verdaderos adoradores (vea Juan 4:23). Quién sea dirigido a invadir este monte, debe asegurarse primero que es un adorado verdadero, pues no hay autoridad para desplazar a la falsa si quien pretenda hacerlo no adora "en espíritu y en verdad" (Juan 4:24). En el pasaje de Zacarías que cité anteriormente, es Judá a quien el Señor pondrá contra los hijos de Grecia. El nombre de Judá significa "alabanza" y fue la tribu que siempre guió a Israel en la batalla. Ninguna batalla será ganada en este monte sin que Judá vaya a la cabeza.

La adoración en espíritu y en verdad es apasionada y radical, no son tres himnos y una oración, ni es el tipo de adoración que podemos llevar a cabo sin haber movido un músculo. La verdadera adoración exalta al Señor con nuestros cuerpos, podemos aplaudir, bailar, movernos, levantar las manos, dar vueltas, golpetear, sudar, cansarnos, sonreír, reír, llorar, dejar salir nuestras emociones y gastar energía porque estamos entrando en el patio del Rey del universo y ese hecho nos conmueve. Es el mismo Espíritu de su presencia quien nos impulsa a ofrecer un sacrificio de alabanza (vea Jeremías 33:11).

Parte de derribar la fortaleza de Grecia dentro de nosotros se logra con la alabanza. El pensamiento griego dice: "Bueno, es que estoy adorando en mi corazón", un concepto que no existía en la mentalidad hebrea. *Toda* la adoración era participativa y activa, y no podrá ser algo sólo "del corazón". El enfoque griego de la adoración es como si el esposo le dijera a su mujer: "Mi amor, hoy estuvo en mi corazón el traerte una docena de rosas", y después esperar alguna respuesta positiva por tan sólo el pensamiento. Lo anterior carece de suficiente participación como para ser considerado espíritu y verdad. Si la esposa respondiera a su marido: "Bueno, mi amor, también estuvo en mi corazón el cocinarte tu comida favorita", sonaría igual de vacío si sólo quedó en el corazón y no hubo demostración de la comida favorita. La adoración *puede* llevarse a cabo en nuestros corazones, pero debe ser mucho más que eso si queremos que califique como verdadera.

La libertad en la adoración y un incremento en la unción del Espíritu Santo están relacionados directamente como una causa y efecto que no se pueden ignorar. El grado en que nuestra adoración sea coherente de manera honesta con el resto de nuestro andar diario con el Señor será el grado en que se volverá más poderosa. De alguna forma, todo lo que hacemos expresa adoración a cierto nivel, pero levantar intencionalmente nuestro corazón al Señor en canto, danza y más, es una manifestación de verdadera alabanza, es una operación del hemisferio derecho que sirve para fortalecer la parte de nosotros que está abierta a las cosas del Señor.

La estrategia de oración

El rol de los intercesores en este monte es extremadamente importante. La oración por Jerusalén y dentro de dicha ciudad es una prioridad para quienes se sienten llamados a interceder por el monte de la religión. Debemos orar por la paz de la ciudad de David (ver Salmos 122:6), pero también debemos comprender mejor la manera en que esto sucederá y comenzar a acordar, por medio de la oración, los pasos que llevarán a la paz de Jerusalén. Las religiones falsas que la ocupan deben ser erradicadas por obra del Espíritu Santo.

Israel mismo está siendo condicionado a recibir al Mesías que ha rechazado pero habrá algunos problemas antes de que llegue la paz. Como la presencia de dioses e ídolos falsos en Jerusalén está en contra de la paz, debemos orar por la destrucción y la remoción del espíritu religioso y de los ferezeos, de otro modo terminaremos solo poniendo una venda sobre un tumor que requiere una cirugía radical. Sólo "guerra" podrá traer la paz de Jerusalén.

Si usted ha sido llamado o llamada como intercesor para este monte, creo que también tiene el llamado para mudarse a Jerusalén o, por lo menos, para pasar bastante tiempo ahí. Las raíces de todos los árboles religiosos llegan hasta esa ciudad. La oración que surja de aquel lugar afecta las cuestiones globales relativas al monte de la religión. El Señor enviará cada vez mayor número de poderosos guerreros de oración y comenzará a derribar las religiones falsas. La gente que de hecho se dirija a esa ubicación geográfica, penetrará el monte.

La estrategia de acción

Mucho de la estrategia de acción se traslapa con la estrategia de oración, pues lo más poderoso es la combinación de ambas. Hay innumerables estrategias de acción que el Señor podría hacer surgir, tales como la creación de un programa de estudios cristiano que reciba amplia aceptación en los sistemas escolares. Una estrategia clave sería discernir y detectar los altares de las religiones mundiales que deban ser derribados. Gedeón, por ejemplo, comenzó derribando el altar de su padre a Baal, lo cual hizo que algo se desatara en el espíritu que hizo que miles se le unieran. Cualquier cosa es viable si está cubierta y concebida en oración y constituye una dirección de parte del Señor.

Cuando todo se cumpla en su forma correcta, la presencia de apóstoles y profetas será parte fundamental de todas las estrategias. En este libro, podría ser mejor llamarlos hombres y mujeres de Dios maduros y de buen testimonio, pues los títulos de apóstol y profeta han sido usados tanto, que ya casi no valen lo que deben valer. Los verdaderos apóstoles también serán intercesores, así que esa es una manera de distinguirlos de quienes no lo son. Los apóstoles prematuros son muy buenos para la estrategia, pero no lo son tanto en la oración, pues no se han humillado lo suficiente como para subestimar sus esfuerzos y estrategias naturales. Cualquier apóstol verdadero valorará su vida de oración mucho más de lo que valora su vida estratégica. La intercesión de un apóstol no necesariamente tiene que tardar muchas horas o ser una oración trabajosa, ya que por lo general tienen una unción detonadora en la oración o la declaración. La conclusión es que necesitamos a los apóstoles y profetas y que se manifieste la autoridad y el poder verdadero de dichos ministerios. El título en sí mismo puede ser, en el mejor de los casos, una distracción, y, en el peor, un impedimento. Es más importante que Dios y el cielo sepan quienes somos a que la gente lo sepa. En cierto punto, será valioso para nosotros saber quiénes son los verdaderos apóstoles, pero eso sucederá cuando profetas legítimos se encuentren en su debido lugar. Hasta entonces (y aun durante ese momento), el discernimiento personal es un deber cuyos estándares son definidos por las Escrituras.

LOS HEVEOS Y EL MONTE DE LA CELEBRACIÓN

A BILL BRIGHT LE fue mostrado este monte como el monte de la celebración. Su nombre no es tan fácil de identificar como los nombres de otros montes, pero es el mejor, puesto que abarca muchas áreas de la vida.

¿Qué es el monte de la celebración?

El monte de la celebración incluye a las artes, la música, los deportes, la moda, el entretenimiento y cualquier otra forma en la que celebramos y disfrutamos la vida. Las hordas de Satanás la han capturado de manera tan profunda que muchos creyentes no están seguros de que se pueda tomar. En mi experiencia, algunos no están seguros de que este monte deba tomarse. Estas personas ven a los medios de comunicación de la misma manera, dicen que todo es del diablo y que no tiene qué ver con la salvación de las almas. Pero puede tomarse y será tomado. Debe tomarse porque este es el monte que captura el corazón de nuestra juventud. Durante varios años de su vida, es casi la única que les interesa y desde su posición en la cima, el enemigo ha podido corromper y robar el destino de generaciones enteras.

Cada monte parece ser el monte de más importancia, y el presente no es la excepción, ya que en él aparece la creatividad, y la creatividad es algo sumamente importante para Dios. En el principio, Él se presenta en Génesis 1 como el Creador; su esencia es creatividad. Satanás no puede crear nada, él solo puede falsificar lo que ya ha sido creado. Lo que parece creatividad malvada es simplemente la corrupción o la prostitución de algo que Dios creó en principio para que fuera bueno. Por ejemplo, cada desviación sexual que se le ha ocurrido a Satanás tiene el propósito de sabotear el excelente regalo que Dios nos ha dado. Cuando lo perdemos de vista, comenzamos a rechazar los regalos de Dios porque sólo conocemos las versiones distorsionadas del diablo y, así, nos volvemos más pobres. Es como si nos deshiciéramos de los billetes de cien dólares sólo porque existen muchas falsificaciones. Haciéndolo no contribuimos en nada para eliminar los billetes falsificados; únicamente nos perdemos de lo que Dios nos ha dado.

¿Quién gobierna este monte?

La nación de Deuteronomio 7 que corresponde al monte de la celebración son los heveos. Su nombre significa "aldeanos" y "lugar que da vida". Estos son los aldeanos enemigos que están ocupando el lugar que da vida. Ellos representan la falsificación y la perversión. La palabra falsificación significa "hacer una imitación con la intención de engañar". Perversión significa una "mala interpretación" o "dirigirse a un estado de menor excelencia".

El primer heveo que vemos aparece en Génesis 34:

> "Salió Dina la hija de Lea, la cual ésta había dado a luz a Jacob, a ver a las hijas del país. Y la vio Siquem hijo de Hamor heveo, príncipe de aquella tierra, y la tomó, y se acostó con ella, y la deshonró".
>
> Génesis 34:1-2

El primer encuentro con un heveo es una violación. Cuando una hija de Israel se aleja para ver a las hijas de la tierra, un heveo violó su pureza. Siquem entonces estaba dispuesto a todo por conservarla, incluso estaba de acuerdo con circuncidarse, lo cual es una falsificación, una imitación con la intención de engañar. Simeón y Leví, los hermanos de sangre de Dina, vengaron la falta al matar a Siquem y a todos los hombres de su tierra. Como Siquem, un espíritu heveo está allá afuera para engañar con una falsificación y pervertir lo que está bien.

Los heveos aparecen otra vez en Josué 9. Los gabaonitas eran heveos e hicieron que Josué hiciera un trato con ellos para que no los mataran por medio de fingir ser alguien que no eran.

> "Mas los moradores de Gabaón, cuando oyeron lo que Josué había hecho a Jericó y a Hai, usaron de astucia; pues fueron y se fingieron embajadores."
>
> JOSUÉ 9: 3-4

En el versículo 22, Josué acusó a los gabaonitas de haberlo seducido. La palabra "seducir" en hebreo es *ramah* y significa "engañar, aparentar, falsear". Los heveos pudieron infiltrarse en Israel y usar una simulación y un engaño para evitar ser destruidos.

Otro hecho interesante acerca de los heveos es que moraron en el monte Líbano (Jueces 3:3). El Líbano estaba asociado con la riqueza, de ahí vinieron los famosos cedros de Líbano que Salomón utilizó para construir el templo. Cuando Israel tomó la Tierra Prometida, aquel monte era posesión de Benjamín, y Gabaón era la ciudad levítica de Benjamín. Las implicaciones de esto son increíbles: los heveos estaban en una tierra que le pertenecía a Leví, la tribu sacerdotal, y el material que esa tierra producía era un componente clave del templo que albergaba la gloria de Dios.

El enemigo en el monte de la celebración son los heveos; ellos son quienes pervierten o malinterpretan lo que debiera ser una bendición. Incluso, como en la situación de Dina, existe un fuerte elemento sexual relacionado con los heveos: el heveo toma una cosa buena como el sexo y la pervierte. El engaño y la falsificación son su juego.

Los heveos ocuparon el monte Líbano. Los cedros de Líbano representan la música, el arte, el teatro, la poesía y toda la creatividad que debía llenar la casa de Dios y recibir y expresar la gloria de Dios. Los heveos obran falsificando, distorsionando y corrompiendo para que los cedros se retorcieran, se pervirtieran y fueran rechazados por el pueblo de Dios que es entonces engañado a creer que no sirven.

¿Quién es el rey de los heveos?

El principado en este monte de la celebración es *Jezabel,* nombre que significa "incasta" o "Baal es el marido". Baal, era el dios con el que constantemente se pervertía Israel. Era el dios principal de Tiro, una ciudad muy próspera en la región hevea del monte Líbano. Jezabel usa un buen regalo de Dios, el sexo, y lo pervierte al abusar de las reglas que Dios tiene para él. Un incasto es alguien que ha utilizado el regalo, pero que ha malinterpretado su uso.

Asociamos a Jezabel con la seducción y la lascivia, y eso corresponde con su perfil. La seducción es una mala interpretación del romance y la lascivia es la mala interpretación del amor. Jezabel ha tenido un poder dominante sobre los Estados Unidos, así como sobre la iglesia misma. Cuando hace equipo con el espíritu religioso, es particularmente insidiosa. Jezabel trabaja para corromper todos los placeres de Dios.

> "Me mostrarás la senda de la vida. En tu presencia hay plenitud de gozo. Delicias a tu diestra para siempre."
>
> Salmo 16:11

Dios es un Dios de placeres y gozo, pues el regocijo es una esencia fundamental de su Reino (vea Romanos 14:17). Él es el creador del sexo, la música, el arte, la poesía, el teatro y todas las cosas bellas y placenteras. Estos regalos forman parte de su gloria que llena la tierra. Jezabel los falsifica y pervierte, ya sea para que seamos violados (profanados), o para que tratemos de vivir nuestra vida cristiana sin placer ni felicidad; lo cual explica por qué existe gente cristiana que es adusta y seria. Las delicias están eternamente a la diestra de Dios, y Jezabel trata de prostituirlos, al incitarnos a ser "amantes de los placeres más que amantes de Dios" (Timoteo 2 3:4). Lo que es bueno en la medida correcta, se vuelve pecado cuando se concede demasiado o de manera inadecuada. La homosexualidad, la bisexualidad, la zoofilia, el adulterio, la fornicación, la pornografía, la prostitución y la pedofilia son interpretaciones corrompidas de Jezabel para uno de los más grandes regalos de Dios.

De la misma manera, la música es un regalo de Dios que expresa el hambre profunda de nuestro espíritu, incluso más allá de nuestra habilidad para entenderlo. Jezabel ha pervertido tanto este maravilloso regalo que estamos aún confusos de qué música es buena y cuál no lo es. Una versión viene de las malas interpretaciones de los heveos y otra es la que viene de Dios. Buscaremos claves y guías para separar la música buena de la mala y hacer lo mismo con otras formas de celebración.

La importancia del profeta

El rol de los profetas y lo profético es enorme. Es una clave muy importante para desplazar a Jezabel y sus heveos y para tomar este monte. Parte de esto debe ser obvio para nosotros. De hecho, fue el profeta Elías quien era el enemigo señalado de Jezabel. Su confrontación con ella fue lo que con el paso del tiempo la llevó a su caída.

Un blanco específico y primario de la Revolución de Elías es tomar el monte que en la actualidad está produciendo una cultura pop decadente y oscura. Dios desatará el tsunami de la Revolución de Elías sobre este monte, y cuando haya sido tomada, todas las formas de entretenimiento y celebración profetizarán a Dios. La música, el arte, la poesía, la moda y el cine, existen para profetizarle a nuestra sociedad. Deberán siempre estar en el proceso de manifestar lo nuevo, porque Dios está siempre avanzando. No podemos profetizar mucho con himnos de quinientos años atrás, con modas de hace cien años o con cualquier otro tipo de arte que no proyecte algo fresco y revelador acerca de Dios. Una característica distintiva de todo lo que proviene de Dios es que no es añejo ni aburrido. Conforme nos movamos con Dios, Él seguirá revelando y dando a conocer sonidos, imágenes y estilos frescos y creativos ante los que el mundo no podrá demostrar más que asombro. En una escala del uno al diez, el arte y la música que hemos modelado hasta ahora ante el mundo llegaría al dos, mientras que Jezabel le continúa profetizando sus propias falsificaciones oscuras y lujuriosa a toda una generación.

Sabemos, a través del Apocalipsis, que Jezabel no era sólo una persona que vivió en los días de Elías, pues se hace referencia de ella como un poder demoníaco:

"Pero tengo unas pocas cosas contra ti: que toleras que esa mujer Jezabel, que se dice profetisa, enseñe y seduzca a mis siervos a fornicar y a comer cosas sacrificadas a los ídolos".

APOCALIPSIS 2:20

No sabemos si Jezabel es otra cara del mismo Satanás o si en realidad es solamente una coordinadora de eventos del infierno. Sin importar esto, este espíritu debe ser despojado de su monte y lo será.

Música que profetiza

Una de las definiciones de la palabra original en hebreo para *profetizar* es "cantar". Sabemos que los profetas llamaban a los músicos para que tocaran (2 Reyes 3:15), con el fin de estimular la *naba* o "lo que brota a borbotones" (otra de las palabras para expresar profecía en el Antiguo Testamento). Algunas veces, la canción en sí era una profecía, o la profecía podía brotar de uno de los músicos. Además de estos factores, las Escrituras nos muestran aun otra conexión profética entre la música y la habilidad para profetizar.

"Asimismo David y los jefes del ejército apartaron para el ministerio a los hijos de Asaf, de Hemán y de Jedutún, para que profetizasen con arpas, salterios y címbalos."

1 CRÓNICAS 25:1

No sólo los siervos de Dios pueden profetizan, también de la música se puede hacer despertar una profecía, e incluso los mismos instrumentos pueden profetizar. Un instrumento puede arrojar a borbotones un sonido del cielo que libere una dimensión del cielo sobre la tierra. Podemos verlo durante la dedicación del templo de Salomón en 2 Crónicas 5.

"Y cuando los sacerdotes salieron del santuario (porque todos los sacerdotes que se hallaron habían sido santificados, y no guardaban sus turnos; y los levitas cantores, todos los de Asaf, los de Hemán y los de Jedutún, juntamente con sus hijos y sus hermanos, vestidos de lino fino, estaban con címbalos y salterios y arpas al oriente del

altar; y con ellos ciento veinte sacerdotes que tocaban trompetas),
Cuando sonaban, pues, las trompetas, y cantaban todos a una, para
alabar y dar gracias a Jehová, y a medida que alzaban la voz con
trompetas y címbalos y otros instrumentos de música, y alababan
a Jehová, diciendo: Porque él es bueno, porque su misericordia es
para siempre; entonces la casa se llenó de una nube, la casa de Jehová. Y no podían los sacerdotes estar allí para ministrar, por causa de
la nube; porque la gloria de Jehová había llenado la casa de Dios."

2 CRÓNICAS 5:11-14

Cuando todos los instrumentos proféticos de las voces, la música y los instrumentos se unieron, la gloria del Señor descendió y los
rebasó. Este es el poder de la música cuando está en las manos de los
hijos de Dios. La música puede traer la gloria de Dios a la tierra, una
presencia literal y física que rebasa a aquellos que se encuentren en su
camino. Esta instancia particular del descenso de la gloria de Dios no
sucedió en el curso de una reunión cotidiana sino cuando la celebración en el templo llegaba a su fin. Ahora, tenemos acceso a la gloría
de Dios que está disponible al llevar nuestros instrumentos proféticos
del arte bajo la "inspiración burbujeante" de su Espíritu, aunque en la
práctica lo hagamos tan pocas veces.

Por esta razón, Satanás quiere pervertir e interpretar de manera
inadecuada la música y la adoración. A través de sus falsificaciones
puede brindar éxtasis menores de carácter demoniaco o emocional.
Mediante la perversión y falsificación de un don de Dios (la música)
se pueden expresar clímax de ira, de lascivia, de tristeza y de falsa
esperanza. En última instancia, el mundo necesita música para sentir
algo, ya que lo único peor que un sentimiento falsificado es la ausencia de emociones. De cualquier forma, las personas buscarán algún
tipo de música que pueda conmoverlas un poco; cualquier cosa que
no sea lo insulso de la vida sin Cristo.

¿Qué hay acerca de los cantantes de música cristiana?

Mientras que muchos de nosotros entendemos que el servicio de
adoración de alguna manera puede traer algo de la presencia del

Señor, tal vez no sepamos qué pensar de los conciertos de los cantantes estrellas de música cristiana. ¿Es una industria aceptada por Dios, o es, de hecho, una prostitución de los dones de Dios?

Creo que la industria de la música cristiana está peligrosamente cerca de un risco resbaloso que se desliza en dirección a Jezabel (particularmente en los Estados Unidos). Por una parte, tener sus oficinas en Nashville los pone en gran ventaja para derrocar al enemigo, que produce sus falsificaciones precisamente ahí; por otra parte, estar en Nashville establece su territorio demasiado cerca de las influencias más oscuras. La diferencia yace en si los artistas cristianos son los influyentes o los influidos. Uno es un papel fundamental, el otro es muy peligroso.

Igual que Dina, muchos artistas cristianos parten "para ver a las hijas de la tierra" y son profanados. Si tenemos este poderoso regalo del Señor, no podemos producir música de la misma forma que los heveos lo hacen. Algo debe ser diferente, de otra forma terminaremos con un producto heveo con letras cristianas, en un distante segundo lugar de las canciones en la lista de popularidad que escuchan los adolescentes y la gente en general.

Realmente creo que tener artistas cristianos en la industria de la música puede ser algo bueno. Cualquier alternativa a la música de Jezabel que se sintonice en la radio es valiosa. Sin embargo, nuestros músicos parecen estar alejados por completo de la creatividad tan asombrosa e inexplorada de nuestro Dios, y siguen las tendencias de lo que el mundo considera novedoso, de moda y de vanguardia. Esto implica que las mismas influencias en la música tras las cuales está Jezabel pueden influir la nuestra, como si a ella pudiera ocurrírsele un producto mejor que el de Dios, creador de la música. Además, cuando tenemos un producto decente, tendemos a tener tratos con los heveos. Para muchos artistas, es más importante ser homenajeado en el mundo que escuchar la aprobación de Dios.

El problema central es que muchos de los creyentes que tienen un don artístico notable nunca han tenido un entendimiento real del Reino de Dios y de lo que se nos llama a hacer. Dios está desatando su Revolución de Elías para que haya un entendimiento de nuestra misión y nuestra autoridad. Hechos 2:17 repite la profecía de Joel que dice: "En los postreros días, dice Dios, derramaré mi Espíritu sobre toda carne y vuestros hijas y vuestras hijas profetizarán". Es el anuncio de una invasión santa de los revolucionarios de Elías que saben quiénes son y que entienden que su misión es conquistar este monte. Ellos no establecerán compromisos ni con los heveos ni con Jezabel. Ellos ascenderán el monte con la misión de eliminar todas las distorsiones y falsificaciones de los grandes dones placenteros que Él tiene destinados para nosotros en la tierra. Estos revolucionarios encontrarán tanta gracia que se exaltarán incluso ante los ojos del mundo. Nuevos sonidos y ritmos de la casa de Dios y de su pueblo serán transmitidos en todos los medios de las naciones, y el mundo sabrá que esta música es especial.

Cuando esto pase, los artistas seculares comenzarán a adoptar influencias del Reino de Dios, manifestados por medio de sus hijos e hijas. Ellos le agregarán sus letras a nuestra música, no de la manera contraria, como lo hemos venido haciendo desde hace mucho tiempo. Y aunque le cambien la letra a estas canciones al tocarlas, algo del cielo se sintonizará en los medios. En verdad, veremos a los hijos e hijas de Dios apoderarse de la cima del monte de la música que es el monte de la celebración.

¿Qué tan importante es la habilidad?

Al hablar de las diversas artes del monte de la celebración, necesitamos mencionar la cuestión de las habilidades. Nuestra iglesia local ha hablado bastante de esto, ya que hemos tratado de lograr un equilibrio. No queremos darle prioridad a la habilidad sobre la unción en ningún aspecto, pero también entendemos que si alguien está realmente ungido para desempeñarse en algún ámbito, entonces debe tener cierto nivel de habilidad o la facilidad de obtenerlo. No queremos músicos y cantantes perezosos solo porque estén ungidos, tampoco queremos músicos y cantantes talentosos sin el carácter o el espíritu necesarios.

Anteriormente en este capítulo, vimos 1 Crónicas 25:2, el pasaje en el que David designó a algunos de los hijos de Asaf para que profetizaran por medio de la música. Ese pasaje continúa y hace referencia al tema de la habilidad: "Y el número de ellos, con sus hermanos, instruidos en el canto para Jehová, todos los aptos, fue doscientos ochenta y ocho". También considere lo que escribió David en el Salmo 33:

> "Alegraos, oh justos, en Jehová; en los íntegros es hermosa la alabanza. Aclamad a Jehová con arpa; cantadle con salterio y decacordio. Cantadle cántico nuevo; hacedlo bien, tañedlo con júbilo".
>
> Salmo 33: 1-3

Existen otros pasajes que nos enseñan lo importante que fue la habilidad durante los reinados de David y Salomón. Este versículo es perspicaz en el hecho de que Él quería un cántico nuevo. La música profética es siempre nueva, es el brotar de un flujo profético cuando nos encontramos en un lugar de adoración profunda con Dios.

Sin embargo, si sobrevaluamos la habilidad y la idolatramos podemos crear un equipo de adoración o una banda cristiana con una excelencia natural, pero vacía del espíritu de la excelencia. A los levitas de 2 Crónicas 5:11, primero se les describió como aquellos que salieron del santuario (el Lugar Santísimo) antes de que se hiciera referencia a ellos como los habilidosos. El Lugar Santísimo es de primera importancia. El nivel de habilidad debe ser que la música suene bien, pero en verdad estaremos distorsionando lo que Dios quiere si privilegiamos el aspecto incorrecto.

La meta es tener habilidades, unción y pasión en abundancia. Cuanto más nos esté promocionando el Señor, tanto más debemos tenerlas todas. Si nos hace falta en una área, debemos compensarla con más en las otras dos. Incluso, el mundo valora mucho la pasión y pasa por alto algunas fallas técnicas si el producto final es imponente.

Necesitamos aclarar lo siguiente: la habilidad por sí sola nunca convencerá al mundo que se está conectado a un flujo de creatividad mayor. La excelencia no probará ni ganará nada por sí misma. Estamos buscando un factor "eso es", de valor inexplicable y divino. Este factor es el favor y la unción en Dios que puede sobrepasar las percepciones naturales. Es la huella digital de Dios sobre nosotros que dice: "Oye, tienes que escuchar esto". Esto fue lo mismo que causó que la gente reconociera a los discípulos incultos y ordinarios que habían estado con Jesús (vea Hechos 4:13). Es también la estatura y el favor con los que contaba Jesús: "Y Jesús crecía en sabiduría y en estatura, y en gracia para con Dios y los hombres".

Si los cristianos vamos a ser los que resalten en el mundo de la música o en cualquier área de la celebración y la cultura, debemos tener gente talentosa que conozca su verdadera identidad en el Reino. Esta identidad conlleva es el propósito o la misión por la cual habremos de tomar el monte de la celebración y las artes y echar fuera de ella al enemigo. Si sabemos que el enemigo específico es Jezabel, su falsificación y los pervertidos heveos, entonces podemos escalar el monte usando la armadura correcta del espíritu opuesto. Que surja un ejército que no juega con el pecado y que comience a moverse hacia la cima de este monte.

Arte que profetiza

El trabajo de un artista de clase mundial se vende entre cincuenta mil y un millón de dólares por pieza. Akiane tiene doce años, y ha estado en todos los programas de televisión que se pueda imaginar y atrae la atención del mundo secular. Sin embargo, ella es una cristiana devota que confiesa libremente que su arte representa al cielo que ella ha visitado varias veces desde que tenía cuatro años de edad. Nadie puede discutir eso con ella porque su arte es tan profundo y tan digno de asombro que tiene la huella de Jesús en él. Ella es un perfecto ejemplo de los primeros frutos que provendrán de la casa del Señor.

La excelencia de Akiane es impresionante, pero lo que ha visto es lo que hace que su arte sea un tesoro tan grandioso. Ella dijo que cuando enseña a otros niños a dibujar, en realidad les está enseñando a ver. Tal vez ella no lo sepa, pero está funcionando con un don profético muy poderoso.

El asombroso poder de Dios contenido en su flujo creativo está a la disposición todos sus hijos. Podemos intentar por horas decirle a alguien lo compasivo y bueno que es Dios, pero Akiane tiene un dibujo de su cara y los ojos que pueden hablar más que mil palabras.

Una invasión de los niños de la Revolución de Elías (de cualquier edad) está a punto de tomar al mundo por asalto. El arte será excelente, sin embargo lo que ellos hayan visto será lo que realmente capture la imaginación del mundo y ellos comenzarán a desatar sobre la tierra un poco de lo que hay en el cielo. En todas las artes, mientras nosotros en la tierra acordamos con el cielo, desataremos el cielo sobre la tierra. Existen sonidos del cielo, que al ser captados, harán que el mundo se ponga de rodillas y confiese que hay un Dios. Existen imágenes del cielo que convencerán al mundo sobre la realidad de su dimensión sobrenatural. El arte en verdad libera en la atmósfera lo que captura en su caballete. La redención, el perdón, el regocijo, la piedad, la esperanza, la fe y el amor pueden liberarse por medio del arte. Los hijos de Dios de esta generación deben recuperar esta poderosa herramienta como un arma.

Películas que profetizan

Todas las películas tienen un poder profético. Jezabel las utiliza para liberar su oscuridad y decadencia. El filme *Secreto en la montaña* le permitió al comportamiento homosexual liberarse en todo el mundo. Las películas de Harry Potter suscitaron cierta aceptación por lo oculto. Estos son sólo dos ejemplos de muchos.

Apenas hemos comenzado a ver algunos productos de Hollywood que profetizan la palabra de Dios. *La pasión de Cristo* tuvo un impacto mundial enorme y sólo en la eternidad sabremos por completo lo grande que fue. Era importante que Dios le mostrara al mundo qué tan severo fue el precio que Él pagó en la tierra antes de que se empiece a manifestar como Señor de los ejércitos y Regidor de las naciones. Nosotros tendemos a ver el impacto de estas cosas en términos del número de conversiones, pero es mucho más que eso. La película sirvió como una especie de preludio para la manifestación del señorío de Dios en la tierra. Los juicios justos de Dios vendrán con el fin de establecer sus derechos sobre este planeta y sobre todos los que viven en él. El mundo entero se quedó con la imagen de Jesús y de la cruz y con un mayor grado de responsabilidad ante lo que sucedió ahí.

La trilogía del *Señor de los Anillos* también mostró algunos anuncios y advertencias proféticas en la tierra, aunque quizás con una teología menos exacta que *La pasión de Cristo*. El terminar con *El regreso del Rey* fue una manera en la que el Señor pudo transmitir parte de su mensaje. Lo mismo sucede con *Las crónicas de Narnia*, una película que expone la labor de Jesús en la cruz y lo muestra como un león que regresa. Estas películas son muy poderosas no sólo como algo evangelistico, sino como una forma profética de preparar el camino antes del nuevo nivel de intervención del Señor en los asuntos humanos. Jesús dijo que si su pueblo no entiende el mensaje correcto y responde ante él, Dios haría que las piedras clamaran (Lucas 19:40). Las piedras tal vez no entiendan nada de teología, pero pueden ser útiles para los propósitos de Dios.

Entonces, el Señor se levantará y surgirá una nueva forma de profeta, una que profetice por medio de películas, programas de televisión o producciones de Broadway. Estos profetas de Hollywood entenderán el Reino de Dios y el monte del que Jezabel tiene que ser despojada. El objetivo no es sólo tener un espacio cristiano en la televisión, en los cines o en los teatros, pues eso constituye una empresa endeble y no una revolución. No es suficiente representar la escuela dominical en la pantalla grande y esperar que eso desplace a los productos hollywoodenses. En el corazón de nuestro Creador, están las aventuras e historias más maravillosas del mundo, y no son ficción aunque podrían representarse como tal. Los profetas verán algo en el Espíritu que cautivará las mentes y corazones de una generación y usarán a los medios de entretenimiento para profetizar. Tales revolucionarios verán lo que hay dentro del corazón de Dios y serán los nuevos Elías de nuestra generación.

Deportes que profetizan

Cuando los Colts de Indianapolis encabezados por el entrenador Tony Dungy levantaron el trofeo del Súper Tazón en 2007, él compartió que aunque estaba feliz de ser el primer entrenador afroamericano que ganaba un Súper Tazón, estaba más satisfecho con otra cosa: que él y el entrenador de los Chicago Bears, Lovie Smith, eran dos cristianos que estaban complacidos de mostrar que los senderos del Señor funcionan, incluso en el fútbol americano.

Se ha dicho y escrito mucho acerca de las diferencias en las filosofías de entrenamiento de estos hombres en comparación con otros modelos de éxito en el entrenamiento. Un buen entrenador era alguien que les decía palabrotas a sus jugadores, les gritaba, los presionaba y mediante esquemas intensos motivaba a sus hombres para que dieran lo mejor de ellos. Tony comenzó la temporada de entrenamiento diciéndole a sus jugadores en un tono de voz calmado y normal: "Muchachos, pongan atención porque este es el tono de voz que voy a usar durante todo el año". Estos hombres no solo fueron ejemplo del fruto del espíritu al ejercer su función como entrenadores, sino que además Tony tuvo que enfrentar el suicidio de su hijo que fue ampliamente publicitado el año anterior. El testimonio de su vida, combinado con su estilo de entrenamiento, lo hizo un mejor embajador del Reino de Dios que muchos televangelistas. Exhibió piedad, y Dios le proporcionó una plataforma para profetizar; mejor aún, Tony aprovechó la oportunidad para testificar que hay un estilo piadoso incluso para ser entrenador de fútbol americano profesional.

Todos los creyentes con plataformas deportivas tienen un ministerio. Muchos de ellos no se han dado cuenta, y muchos de los que lo han reconocido sólo ven la oportunidad como un canal para el evangelio de la salvación. Si los atletas sólo pueden decir: "Yo también tomé una decisión por Jesús", no están entendiendo lo esencial. Un boxeador campeón una vez se hizo escuchar para expresar que era cristiano aun cuando había estado con varias mujeres y tenía muchas caidas morales (evidencia de la influencia de Jezabel en su vida). Nadie en estos montes hace bien si sólo habla de la salvación. Lo que necesitamos es gente que sea ejemplo del camino del Señor, que entienda que debemos demostrar una realidad que va mucho más allá de la palabrería. No creo que el boxeador haya fallado sólo porque tenía problemas morales, falló porque, en realidad, no conocía cuál era su misión y no entendía la armadura que le correspondía.

Nuestra misión es demostrar el Reino de Dios como una forma diferente de hacer las cosas. Jezabel debe ser despojada del monte de la celebración. La vida del boxeador nos revela que estaba tratando de amar a Dios mientras cedía ante Jezabel y esa mezcla nunca va a funcionar. La presencia de este hombre en el monte fue contraproducente para el avance del Reino de Dios.

Tony Dungy y Lovie Smith sirvieron como una prueba profética del principio de este libro, que Dios está lanzando un tsunami con la intención de levantar a su pueblo y llevarlo a la cima de los montes. Ellos son parte de los últimos días de Isaías 2:2 cuando la casa del Señor será exaltada sobre los collados. Ellos son pioneros espirituales, con una unción para producir un modelo completamente nuevo en el mundo. Los hombres cristianos de carácter que también son buenos entrenadores ahora serán más solicitados que los entrenadores del pasado que decían palabrotas y despotricaban en contra de sus jugadores.

Si usted es un cristiano de influencia que participa en los deportes, entérese de

que Dios lo ha designado y bendecido para ser una voz profética en su generación. Usted no fue llamado para decir: "Mantengo mi religión en privado", pues eso lo convertiría en un salero sin sal, en un cristiano que no valora su reino. A usted le incumbe observar que fue situado en el monte de la celebración para el avance del Reino y si no puede ver eso, apenas tiene un poco de esperanza para resistir a Jezabel. El fuego del espíritu de Elías debe dominarlo o Jezabel lo eliminará. Este es su ministerio, su plataforma y su púlpito, *no* su vida secular.

Moda que profetiza

Si cree que la moda es una creación del demonio… bueno, tal vez esté en lo cierto. Sin embargo, si está en lo correcto, es solo porque se la hemos entregado al diablo. La moda es otra arma profética, y si no nos interesamos por esta parte del monte, el mundo seguirá profetizando con la moda.

Esta industria se encuentra bajo el dominio de Jezabel por los estilos asexuados que prevalecen. Algunos de los diseños de modas ostentan a Jezabel, mientras que otros tienen manifestaciones más discretas. Una gran cantidad de diseñadores de modas y de los que imponen las tendencias son homosexuales. Si una forma de vestir atrae la atención sexual al primer vistazo, podemos estar seguros que es obra de Jezabel.

Jezabel se encuentra en la cima de este monte para liberar dos cosas: la lujuria y la muerte. Esa es su influencia ya sea en el cine, la música o la moda. Si puede combinar las dos, entonces es aun más eficaz. Por ejemplo, en la década del noventa, un estilo musical con su correspondiente forma de vestir salió de Seattle, Washington. Kurt Cobain se convirtió en el "profeta" principal de lo que después conocimos como la cultura *grunge* que se lanzó a nivel mundial y que hoy en día todavía tiene repercusiones. Cobain fue un músico que ayudó a cambiar la forma de la música popular y la música produjo la moda correspondiente.

Cobain era un joven que estaba seriamente afectado por el divorcio de sus padres. Toda su vida libró batallas contra la depresión, la bronquitis crónica y con un dolor de estómago severo que nunca se pudo diagnosticar correctamente. Su música capturaba un crudo y apasionado grito de dolor y desesperación que resonó en una generación. Murió en 1994 de una herida de bala que él mismo detonó en su cabeza.[1]

La cultura *grunge* gritaba: "Me odio". Tanto la música como la moda llevaban consigo la desesperanza y un espíritu de suicidio. Su atractivo yacía en alcanzar y tocar un dolor muy real, pero sólo hacía que la gente se sintiera abierta y cruda. Era auténtico, pero sólo en el diagnóstico del dolor. No había remedio para calmar la desesperación, sólo para identificarse con ella. Este dolor era el de una generación sin padre, de una familia desintegrada, de los padres que fallaron en ser padres, de la Generación X abandonada por sus padres en el completo ahogamiento por alcanzar el sueño americano.

La subcultura gótica es otro buen ejemplo de la música mezclada con la moda. Este estilo de moda promueve la muerte y la penumbra y está muy difundida. El aspecto y maquillaje oscuro que vienen de la influencia de Jezabel son sus marcas más visibles. Esta moda profetiza muerte, depresión, desesperanza y suicidio. Algunos creyentes bienintencionados han acogido esta apariencia para entrar en contacto con la cultura, pero esa es una estrategia mal concebida. Es una alianza con los heveos que dará muy pocos frutos a largo plazo. Algunos de los chicos no quieren hacer ningún daño al vestirse con el estilo gótico, pero no se dan cuenta de qué tanto están cediendo a profetizar un mensaje de muerte con su moda.

La moda también nos ha dado la imagen de la heroína elegante que tiene el propósito de profetizar el mensaje adictivo de Jezabel. Una constante a lo largo de la historia de la moda reciente es la habilidad de Jezabel para ostentar y modelar estilos seductivos. Los creyentes no deben usar estos estilos porque están profetizando con Jezabel cuando lo hacen.

El punto no es que usemos prendas anticuadas, sino que ideemos estilos radicales que liberen el Reino de Dios en la tierra. Respecto a esto, las pulseras de WWJD (¿Qué haría Jesús?) son lo más cercano a una tendencia cristiana en la moda. Incluso, miles de no creyentes pensaron que estaba de moda usar esas pulseras. Pero esto va a ir más allá de eso. Algunos revolucionarios de Elías van a recibir revelaciones sobre nuevos estilos y comenzarán a profetizar con un estilo de moda que cautivará al mundo.

Si usted es un creyente que ama la moda, pregúntele a Dios si lo puso aquí para ser una clase única de profeta para el avance de su Reino. Necesitara saber separar las influencias de Dios de las de Jezabel en su propio espíritu y evitar mezclarlas en las creaciones que Dios le inspire. En su corazón creativo, Él sabe qué modas pueden capturar los corazones de una generación, sólo necesita que alguien pueda verlo y lo reproduzca.

Sólo se necesita una chispa para comenzar una hoguera. Entérese de quién es usted. Entérese de cuál monte ha sido llamado. Sepa quién es su enemigo. Conozca su misión, y luego sea liberado.

Los niveles del monte

El monte de la celebración afecta e incluso crea la cultura pop. Aquellos cuya plataforma alcanza a millones están en la cima de este monte. No abordé otras formas de entretenimiento porque están en un nivel más bajo del monte. Nuestro llamado específico es tomar la cima del monte y despojarla de los poderes y principados en ese nivel. Esto afecta al pensamiento del segundo cielo que influye en la vida de las ciudades, regiones y naciones. Si usted está situado en algún lugar de influencia que esté en un nivel más bajo del monte, entonces tome la delantera y asegure esa área para el Reino de Dios. Usted es un embajador, está en un ministerio (como todos nosotros lo estamos), y cuando el fuego de Elías lo ilumine, puede comenzar a liberar el cielo en su zona de influencia.

Geográficamente, Hollywood está en la cima del monte. Nueva York, Seattle, Las Vegas, San Francisco y Nueva Orleáns también tienen altares cercanos a la cima. Si los hijos e hijas de Dios no aseguran estos sitios geográficos en el Espíritu, vendrán juicios muy severos sobre estos lugares. Un ejemplo lo es el juicio que cayó sobre Mardi Gras (Nueva Orleáns) y el vudú con el huracán Katrina. Una sentencia pesa sobre San Francisco por ser el centro de la homosexualidad de la nación y tal vez del mundo entero. Habrá sentencias y juicios que nos ayudarán a retomar estas áreas geográficas. Los juicios serán una plataforma desde la cual podremos clamar por el arrepentimiento.

A muchas personas les causa conflicto la idea de que Dios desate o permita juicios catastróficos sobre las ciudades, pero en verdad lo hace. Sus juicios justos son una extensión de su inmensa gracia. Si Dios ve que una ciudad se dirige a un precipio del infierno, Él intervendrá y volcará el barco, aunque haya vidas de por medio. ¿Por qué? Porque algunos de ellos podrían arrepentirse y ser perdonados. Si algunos se las arreglan para voltear el barco y subirse de nuevo, Él los volcará otra vez en un intento de salvarlos antes que reciban un juicio final severo. Cuando un juicio severo salva a alguien de un juicio aún peor, sucede un acto de gracia.

Algunas ciudades son famosas por formas de entretenimiento que no deben siquiera rescatarse. Por ejemplo, las apuestas en Las Vegas no tienen ningún valor redentivo, no existe una alternativa cristiana para las apuestas así como no existen alternativas cristianas para la prostitución o clubes de desnudistas. Ciertos tipos de entretenimiento simplemente deben ser eliminadas.

El Señor hace que sus hijos e hijas trabajen en todas las ciudades que mencioné anteriormente para que den a luz su redención en esas ciudades. Donde sea que Satanás entre como río, el Señor levantará bandera. Trabajaremos como sus embajadores en todos los lugares de oscuridad. Cada ciudad tiene el potencial para volver y convertirse en punta de lanza de algo especial del Señor. La historia misma nos relata eso. El avivamiento de la Calle Azusa en abril de 1906 procede de Los Ángeles. El 23 de septiembre de 1857, Jeremy Lanphier rentó un salón en Fulton Street en la ciudad de Nueva York y comenzó un movimiento de oración que condujo a lo que algunos llaman el Tercer Gran Despertar. Sólo seis personas acudieron al culto de medio día y hubo un incremento lento y gradual, hasta que el mercado de valores colapsó unos días después. Durante seis meses, el movimiento de oración se expandió por toda la nación. Sólo en la ciudad de Nueva York más de diez mil personas se reunían a orar diariamente al mediodía. Con el paso del tiempo, esto sucedió también en otras naciones.

Las sacudidas de Dios sobre las ciudades y naciones trabajan mano a mano con su pueblo cuando este hace su parte para suscitar una revolución del Reino. Cuatro días después de que comenzara el avivamiento de la Calle Azusa, San Francisco experimentó el infame terremoto de 1906 que devastó la ciudad. En Nueva York, la bolsa de valores colapsó sólo tres semanas después de que Jeremy Lanphier comenzara con sus reuniones de oración. Las sacudidas de Dios tienen el propósito de apoyar las iniciativas que activan sus hijos. Sin embargo, cuando en algún punto una ciudad se encuentre demasiado entregada al pecado, el Señor instruirá a sus hijos para que abandonen esa ciudad antes de que envíe algún juicio catastrófico hacia allá.

Un enfoque múltiple

Hay ciudades que son objetivos específicos, así como también instituciones e individuos. Existen altares que deben ser derrocados y muchas cosas que deben ser quitadas de en medio. Pero nunca hay que olvidar que es necesario remplazar lo que estaba ahí con algo nuevo. Satanás puede regresar con una fuerza siete veces mayor si lo tiramos del monte sin remplazarlo.

El Consejo de Clasificación de Hollywood (el cual clasifica las películas) es un objetivo muy importante, así como Disney y Motown. Los críticos que escriben reseñas y los comités que otorgan premios como los Óscares y los Grammys también son extremadamente importantes. Su sello de aprobación pueden lanzar a la fama películas y músicos que por ninguna razón debían de haber sido lanzados. Sin embargo, la directriz estratégica más importante es escuchar al Señor. Es posible desperdiciar mucho tiempo en perseguir algo que parece estratégico cuando, si permitiéramos que el Señor nos orientara, los montes podrían derrumbarse frente a nosotros. La toma de este monte corresponde a una guerra espiritual, y no debemos perder conciencia de esa realidad. Finalmente, lo que causará el colapso de cada monte del enemigo es que la casa del Señor sea exaltada en un escenario específico. Su celebración comenzará a propagar la desaprobación por las celebraciones del enemigo y las diezmará.

¿Los adoradores están en este monte o en el monte de la religión?

Si usted es un líder de alabanza puede estar preguntándose si su monte es el monte de la religión o este monte. La respuesta es que pueden ser ambos. Es muy posible penetrar los dos montes al mismo tiempo, en particular, si uno recibe favor del Señor. La alabanza en sí aparece en estos dos montes. Ese es el caso de Israel en el Antiguo Testamento. Todos los días, se llevaban a cabo cultos regulares en el monte de la religión. Pero también se celebraban fiestas varias veces al año (como la Pascua o Pentecostés), así como celebraciones para ocasiones especiales (la dedicación del templo de Salomón). Estas celebraciones no ocurrían durante los tiempos regulares de la vida religiosa. Eran emocionantes, eran ocasiones especiales que la gente esperaba con ansia. Eran ambos lugares donde los adoradores y alabadores desempeñaban una función importante.

En el contexto de la iglesia actual, el monte de la religión corresponde a los servicios regulares de iglesia, y el monte de la celebración puede corresponder a lo que hacemos en congresos, conciertos y eventos multitudinarios. Tendremos que crecer mucho con respecto a lo último. En el futuro, tendremos congresos y eventos de celebración en muchos lugares donde se mostrará toda forma de creatividad divina. Estos acontecimientos, especialmente los festivales de arte cristiano, mostraran la asombrosa creatividad de Dios a través de su pueblo. No transmitirían la creatividad de segunda calidad que con frecuencia presenciamos en el pasado. Mostrarán el mejor arte, la mejor música, la mejor gastronomía, el mejor teatro, la mejor poesía y las mejores modas, no sólo en términos de talento, si no también por el factor "eso es" que muestra que hemos estado con Jesús.

La meta de los artistas cristianos no será hacer que finalmente el mundo los note para ofrecerles grandes sumas de dinero con el fin de secuestrarlos e impedir que cumplan su misión, sino que se verán a ellos mismos como revolucionarios del Reino que cumplen una misión específica que el Señor les encomendó. No cederían ante nada y sólo aceptarán tener contacto con lo que les permita mantener intacta la asignación que Dios les encomendó. Estos festivales se volverán populares de manera masiva, incluso para el mundo, y servirán como una plataforma primordial del evangelismo, ya que atraerán la atención hacia la creatividad superior que viene de la casa de Dios. Ellos llevarán grandes riquezas a la casa del Señor, pero ese no será nunca el factor que los motive. Estos festivales tendrán el propósito de celebrar a Dios y sus buenos regalos. Las directrices que las acompañen restringirán la sobrecomercialización del evento para asegurar que el festival no esté bajo la tutela de Mamón. Debemos asegurarnos que se realicen bajo el estandarte de Dios como Creador.

La estrategia de oración

Nuestra estrategia de oración tiene que ver con el descubrimiento y la eliminación de los altares de oscuridad en este monte. Supone atar las fuerzas que están saturadas de Jezabel y liberar las fuentes proféticas y los recursos de Dios. Los enemigos son Jezabel, que trae la seducción y la muerte, y los heveos, representantes de la falsificación y la perversión. Para ascender a este monte por medio de la oración, usted debe tener las manos limpias en estas áreas. No se puedo enfatizarlo lo suficiente que estas estrategias deberán comenzar "en el cielo". Jesús *sólo* hizo lo que vio que su Padre había hecho. Nuestros cerebros pueden idear estrategias lógicas, pero debemos tener la mente de Jesús para poder acceder a la sabiduría superior. La información que recopilemos y el trazado espiritual que hagamos pueden ayudarnos a diagnosticar los escenarios y centros de oscuridad. Pero las estrategias de oración vendrán de la gente profética que entiende y valora escuchar el *rhema* de la palabra de Dios.

La estrategia de acción

La acción debe ir acompañada de nuestra oración. Dios elevará la producción de películas, teatro, música y moda del Reino. Nuestra mayor eficacia contra la oscuridad prevalente en este monte de la celebración será encender la luz. El espíritu de Elías que ahora derrama sobre los hijos e hijas de Dios, tendrá como resultado productos ungidos que desplazarán a la oscuridad de la cima de este monte. El Señor abrirá las puertas para establecer conexiones divinas entre los revolucionarios de Elías. Algunos suministrarán las finanzas, algunos tendrán el talento artístico, algunos serán ungidos en la administración, y algunos tendrán la unción de la producción. Todos estarán enfocados en que la gloria de Dios se expande a lo largo de la tierra. El monte de la celebración se trata de que Dios se vuelva más famoso. En este momento, el *status quo* de la mayoría de los cristianos de este monte no les permite hacer mucho, porque repetidamente caen ante Jezabel y los heveos en su intento de escalar. Se requiere que sean revolucionarios de Elías que persigan la cima de este monte, los hijos consagrados, rectos, proféticos y radicales del Rey cuyo interés primario sea que Dios reciba más de la gloria debida a su nombre.

XI

LOS JEBUSEOS Y EL MONTE DE LA FAMILIA

UNA VEZ MÁS, estamos en un monte de gran importancia. Malaquías 4:6 promete que Elías vendrá y "hará volver el corazón de los padres hacia los hijos, y el corazón de los hijos hacia los padres". Es la última promesa, incluso el último versículo del Antiguo Testamento. Elías vendrá y salvará a las familias.

Hoy en día, vivimos una desintegración familiar que ha causado un mal social y físico sin precedentes. Se les pueden atribuir muchas enfermedades a que los padres no aman a sus hijos (de hecho, muchas enfermedades provienen de una fuente psicosomática, no todas, pero es el caso con algunas). Está comprobado que un nivel de infelicidad debilita el sistema inmunológico y provoca que aparezcan ciertos tipos de enfermedades La causa número uno de los traumas emocionales son los cimientos de una familia disfuncional.

La unidad familiar se encuentra bajo el asalto de Satanás. De manera más específica, son los padres que fallan, aunque Satanás también entra en otras áreas. El monte de la familia se encuentra en seria necesidad de una intervención de los revolucionarios de Elías. También se le podría dar el nombre del monte de la justicia social, porque la mayor injusticia social a la que nos enfrentamos actualmente es que los corazones de los padres no estén vueltos hacia los de sus hijos y los corazones de los hijos no estén vueltos hacia los de sus padres. Todas las demás injusticias sociales se derivan de esa injusticia central.

Las Escrituras dicen que en los postreros días, no sólo es culpa de los padres, sino que algo malvado se ha liberado en los hijos para que estén en contra de sus padres.

"También debes saber esto: que en los postreros días vendrán tiempos peligrosos. Porque habrá hombres amadores de sí mismos, avaros, vanagloriosos, soberbios, blasfemos, *desobedientes a los padres, ingratos, impíos,* sin afecto natural, *implacables,* calumniadores, *intemperantes,* crueles, aborrecedores de lo bueno, traidores, impetuosos, infatuados, amadores de los deleites más que de Dios."

2 Timoteo 3: 1-4 (énfasis del autor)

Las palabras en cursiva describen de manera específica el tipo de conducta en los hijos con la que tal vez estemos familiarizados, pero su intensidad y el grado en el que sucede, será peor en los últimos días. El intento de Satanás es obstaculizar la obra de los últimos tiempos del espíritu de Elías con un ataque preventivo.

¿Qué es la familia?

La primera definición de familia en el diccionario es "los padres con sus hijos". La familia es una institución creada por Dios. Sin el plan de moralidad que Dios diseñó para los seres humanos, nos rebajamos a la calidad de animales e incluso a la de subanimales. La familia y la moralidad son la fibra esencial de la sociedad. Cuando el orden familiar se desintegra, también se desintegra el orden social. Existe una correlación entre ellos puesto que las enfermedades y disfunciones sociales coinciden con la desintegración de la unidad familiar. De manera abrumadora, las estadísticas sobre criminalidad humana indican que los hogares desintegrados influyen de manera importante en las personas que pierden el control. Los hogares desintegrados contribuyen de manera importante con la drogadicción, la actividad sexual ilegal, la incapacidad para asegurar empleos bien remunerados, prisión, y casi todos los males sociales concebibles.

Debido a que la ausencia del papá o el abuso del papá es el factor más dañino en la ruptura de la unidad familiar, ahí es donde Satanás concentra su ataque. La amalgama verdadera de la familia es el amor, primero entre los cónyuges y después el amor entre los miembros de la familia. Sin amor, una verdadera familia no puede existir realmente.

¿Quién gobierna en el monte de la familia?

La séptima nación nombrada en Deuteronomio 7 es la nación jebusea. El nombre jebuseo significa "lugar pisoteado, rechazo". Ese es el espíritu del que se debe despojar del monte de la familia. Los jebuseos representan el rechazo, el cual constituye el principal enemigo que ocupa este monte.

El *rechazo* se define como "la negativa de aceptar, considerar, someterse, escuchar, recibir o admitir". Su manifestación es, en esencia, lo contrario al amor descrito en 1 Corintios 13. Esa clase de amor actúa como una amalgama para los matrimonios y la familia.

> "Si yo hablase lenguas humanas y angélicas, y no tengo amor, vengo a ser como metal que resuena, o címbalo que retiñe. Y si tuviese profecía, y entendiese todos los misterios y toda ciencia, y si tuviese toda la fe, de tal manera que trasladase los montes y no tengo amor, nada soy [...] El amor es sufrido, es benigno; el amor no tiene envidia, el amor no es jactancioso, no se envanece; no hace nada indebido, no busca lo suyo, no se irrita, no guarda rencor; no se goza de la injusticia, mas se goza de la verdad. Todo lo sufre, todo lo cree, todo lo espera, todo lo soporta. El amor nunca deja de ser [...] Y ahora permanecen la fe, la esperanza y el amor, estos tres; pero el mayor de ellos es el amor."
>
> 1 Corintios 13:1-2, 4-8, 13

Sin la ayuda del Señor, una persona puede pasarse toda la vida en terapias y tratamientos médicos y aún así no recuperarse de los efectos del rechazo, el cual puede ser ficticio o real. Un niño puede creer una mentira cuando malinterpreta las palabras o acciones severas de cualquiera de sus padres. En algunos casos, en que las palabras de los padres sí expresan cierto rechazo, para el adulto quizá sea un breve episodio en el que perdió la paciencia, pero para el niño puede tener consecuencias profundas. En otros casos, un padre puede comparar a un hijo con otro con el afán de que se porte mejor y un demonio jebuseo tomará ventaja de esas situaciones y le susurrará al niño que sus padres no lo quieren. Un niño puede aceptar dicha mentira a una edad temprana y vivir con ese complejo de rechazo que afectará a todas las relaciones futuras en las que el niño se involucre.

Los jebuseos tratarán de aprovechar cualquier apertura con el fin de generar un cultivo de rechazo. Si siembra rechazo en un lado de una relación, entonces la otra persona comenzará a rechazar a la que piensa que la ha rechazado para proteger su corazón del dolor. En una familia, se pueden producir terremotos sumamente reales que esparcen ondas sísmicas de rechazo en todas direcciones. Si el esposo abandona a la esposa, el rechazo puede dejar un daño incalculable. Si tienen hijos, ellos también absorberán el abandono y creerán que es personal. Psicológicamente, los hijos mayores tienden a culparse por el divorcio y lo absorben como un rechazo personal. El rechazo engendra rechazo, lo que provoca un rechazo aún mayor. Una persona que tenga un complejo fuerte de rechazo envía fuertes señales de rechazo que dicen: "Por favor, recházame", y que después acarrean su propio cumplimiento. En la actualidad, tenemos problemas de doble rechazo en muchas familias con padrastro o madrastra que tratan de sobrevivir emocionalmente mientras llevan una carga de fuerte rechazo.

El rechazo de un padre (real o percibido) puede traer un alto precio: la deformación de la identidad sexual en desarrollo de un niño o niña. Un niño buscará infinitamente la aprobación masculina, lo que lo confundirá y, con frecuencia, hará que cruce una línea sexual con tendencia a la anormalidad. En una niña pequeña, la flor de ser mujer nunca se abre, y el rechazo de su padre las introduce en un patrón en el que no quieren necesitar de un hombre en lo absoluto. Cuando los demonios jebuseos pueden hacer daño en un nivel emocional, entonces ya han preparado a su presa para caer ante su principado en la cima de este monte.

¿Quién es el rey de los jebuseos?

El principado que está situado en la cima de este monte de la familia es Baal. Él y Jezabel son muy similares, pero Baal abarca más, Jezabel le sirve. Las naciones que rodeaban a Israel tenían sus versiones de Baal, que constantemente le ponía trampas al pueblo de Dios.

El nombre Baal significa "maestro", "amo", "señor". Él era el dios de la fertilidad, el dios del sol, el dios de la provisión, el dios de la lluvia, y veía básicamente por todo. El culto de adoración de Baal con frecuencia incluía a la prostitución masculina. El servicio al dios

Moloc también esta conectado con la adoración al dios Baal, como lo podemos ver en Jeremías:

"Y edificaron lugares altos a Baal, los cuales están en el valle del hijo de Hinom, para hacer pasar por el fuego sus hijos y sus hijas a Moloc".

JEREMÍAS 32:35

Uno servía a Baal cuando mediante el culto a Moloc, quien era al que se le ofrecían niños en sacrificios crueles y brutales. En un ejemplo, sus fieles calentaban estatuas de Moloc y después colocaban a los niños en los brazos rojos y ardientes y veían cómo los niños se quemaban hasta morir. Para nosotros, eso representa al dios que impera sobre el aborto y la influencia detrás de él. Desde la aprobación de *Roe vs. Wade* en 1973, más de cincuenta millones de niños se han sacrificado en este altar de la comodidad tan sólo en los Estados Unidos.[1] La adoración a Baal en nuestras naciones ha cobrado millones de vidas. El aborto es el rechazo de un padre hacia su hijo; la prueba final del rechazo de los jebuseos en acción. Vemos el corazón de un padre orientado no hacía su hijo, sino en contra de él de una manera letal.

La homosexualidad es también una manifestación de la adoración a Baal y explica por qué la prostitución masculina era parte primordial de sus ceremonias. La homosexualidad es el rechazo a nuestro impulso sexual natural, rechazo que no es necesariamente una elección consciente, sino el fruto del rechazo que se sembró en alguien y que lo hirió. La cuestión no es si uno nace homosexual o no, las normas de moralidad de Dios reflejan los sentimientos que debemos practicar, no con los que hemos nacido. Ninguno de nosotros nació practicando las normas de Dios.

Por ejemplo, somos egoístas por naturaleza, algo que debemos eliminar. Para muchos de nosotros, es una batalla que libramos toda la vida, ya que parece que tenemos integrado el sentimiento de siempre ser los "yo primeros". Debido a este egoísmo, fácilmente nos sentimos tristes, enojados, celosos, vengativos y totalmente malos. Estos sentimientos inherentes con los que nacemos, deben corregirse al acoger la autoridad superior de Dios y su moralidad recta. Todas estas descripciones de amor en 1 Corintios 13 son sentimientos antinaturales. Soportar, creer, perdonar, tolerar, pensar correctamente, son acciones que no provienen de manera natural. Entonces, ¿porqué deificamos un impulso sexual natural como decreto de Dios? No lo es. Ninguno de nosotros, heterosexuales u homosexuales, nace con un impulso completamente sexual monógamo, pero eso no justifica la fornicación y el adulterio. Algunos aparentemente piensan que nacen con sentimientos que tienden a la pedofilia o incluso a la zoofilia. Si un impulso sexual se valida por si mismo, como muchos suponen, entonces realmente comenzamos a perdernos en la apostasía.

Después de haber dicho todo esto, realmente reconozco que los demonios tienen la tarea de distorsionar nuestras psiques sexuales cuando somos jóvenes para que tengamos impulsos sexuales desmesurados y confusos. Los estudios muestran que la mayoría de las estrellas pornográficas y bailarines de los clubes de desnudismo sufrieron de un abuso sexual por parte de un hombre cercano cuando eran pequeños. Eso también es cierto para un gran porcentaje de homosexuales. Es trágico, pero de ninguna manera justifica que se acepten como válidas las desviaciones sexuales.

Dios comenzará a liberar un nuevo nivel del poder de sanidad y restauración por medio y dentro de su pueblo a niveles sumamente profundos, que pocos han podido experimentar. Soy bastante consciente de que muchas, si no es que la mayoría de las personas con impulsos homosexuales han llorado y le han suplicado a Dios que les quite estos sentimientos. La impotencia de la iglesia ha sido cómplice en el problema global, y el espíritu de Elías le regresará ese poder. Los homosexuales regresarán en masas a la iglesia y se someterán a las oraciones por el restablecimiento de su sexualidad cuando el mundo se dé cuenta de que la sanidad sexual total en verdad está disponible en la casa de Dios. Muchos sienten desesperanza acerca de sus impulsos sexuales, porque no han encontrado nada que les calme la desviación. La combinación de acoger las normas de Dios, tengamos ganas o no, y del nuevo poder de Dios que viene a su Iglesia, traerá la liberación verdadera e innegable de miles de homosexuales, que será parte de las pruebas principales de que la Revolución de Elías ha llegado sin duda a nosotros.

Es interesante que el objetivo de los activistas homosexuales sea buscar aceptación. Se reúnen en grupos y encuentran ciudades que los aceptan. Sus maniobras políticas y jurídicas tienen el fin de permitirles funcionar finalmente bajo cierto nivel de aceptación social. El rechazo interno es tan profundo, que deben intentar medidas naturales extremas para poder hacer que el rechazo sea soportable. Aunque la agenda homosexual esté mal y sea sumamente dañina, es bastante comprensible. También es un recordatorio para nosotros, como la iglesia, de que hemos hecho muy poco por llevarle las respuestas del cielo a un segmento de la sociedad herido, pero importante. Vamos a tener que aprender a llevarles el amor y el poder de Dios a las comunidades homosexuales, mientras les advertimos que los juicios profundos de Dios los alcanzarán si siguen dándole cabida a sus pecados. Quedarse en la homosexualidad es continuar con el culto a Baal, y justamente es Baal quien esta a punto de sufrir las graves repercusiones que la Revolución de Elías trae consigo.

La adoración a Baal y sus juicios

Tal y como lo mencioné en un capítulo anterior, escribí un boletín profético en octubre de 2004 (antes de Katrina) que advertía sobre los juicios que vendrían para la porción de tierra entre Mobile y Nueva Orleáns. Escribí que existía un altar a Baal entre estas ciudades y que Mobile, Biloxi y Nueva Orleáns cargaban el peso de este altar. El Mardi Gras comenzó en Mobile en 1699, aunque Nueva Orleáns se volvió más famosa por ello. Los orígenes del Mardi Gras se remontan al festival de la fertilidad de Lupercalia, que tiene raíces directas en la adoración a Baal. El Mardi Gras es, en esencia, una celebración de Baal. Escribí que los siguientes huracanes serían como tormentas del juicio, y que Nueva Orleáns iba a recibir un gran juicio en la próxima temporada de huracanes. También escribí: *"Biloxi, el ojo de un próximo huracán lleva tu nombre escrito"*. Di parte de que los huracanes de 2004 eran tormentas de advertencia de lo que serían los juicios de Dios manifestados en 2005 en los altares de Baal en esa región de nuestro país.

Para la semana en que Katrina asoló la ciudad, se había planeado una celebración y un desfile homosexual que recaudarían millones de dólares para Nueva Orleáns. Baal estaba sumando un nuevo frente al añadirle al altar existente la decadencia homosexual. Los huracanes Wilma y Rita también llevaron juicios a dos ciudades que iban a ser sede de eventos homosexuales importantes: Cayo Hueso y Cancún. De este modo, se restringió la celebración de la aceptación gay. Dios

ama tanto a los homosexuales que no va a escatimar lo que sea necesario para poner en claro que la homosexualidad es una abominación
para Él y que puede librar a todos de eso. El nombre Katrina significa
"pureza"; y tal vez ese era el mensaje que Dios pretendía dar con ese
huracán. Lo que parece ser el juicio de Dios en contra de los homosexuales es, en realidad, su amor apasionado trabajando para librarlos
de un juicio mayor: el estar toda la eternidad en un infierno real:

> "Porque luego que hay juicios tuyos en la tierra, los moradores
> del mundo aprenden justicia. Se mostrará piedad al malvado, y no
> aprenderá justicia; en tierra de rectitud hará iniquidad, y no mirará
> a la majestad de Jehová".
>
> Isaías 26:9-10

Hay un punto en el que la gracia deja de cosechar recompensa;
y nos encontramos en este punto en muchas áreas de la sociedad.
Hemos llegado al momento en el que sus juicios justos se harán noto-
rios para que los perversos puedan aprender justicia. Nos dirigimos a
una época en la que el Señor le suplicará a la comunidad homosexual
que aprendan justicia por medio de sus juicios. Nadie entiende mejor
que el Señor los rechazos trágicos por los que han tenido que pasar;
nadie los está alentando más a que superen estos retos de la vida; sin
embargo, el pecado no se librará del castigo, y las abominaciones reciben los juicios más severos de Dios. Tener la tentación de albergar
sentimientos homosexuales no es una abominación para Él, pero cruzar la línea con un comportamiento homosexual real sí lo es.

Por tanto, Baal ocupa el principado del monte de la familia y sus
demonios de entrada son los jebuseos del rechazo. El aborto y la homosexualidad son formas de culto que fortalecen a Baal, y su meta es la
desintegración de la familia, porque Él sabe que con eso producirá la
desintegración de la sociedad. En los últimos días, el monte de la casa
de Dios lo destronará, y ahora nos encontramos en esos últimos días.

La importancia de los pastores

Cuando los verdaderos pastores de Dios comiencen a tomar sus lugares
adecuados, se adelantará la toma de este monte. Las personas a las que

ahora llamamos pastores distan mucho de lo que este ministerio esta diseñado a realizar. De manera tradicional, vemos a un pastor como alguien que encabeza una iglesia y predica el mensaje de la semana, pero, bíblicamente hablando, es más correcto que sean los profetas y los apóstoles quienes dirijan a la iglesia y que los pastores sean mayormente las manos en los ministerios de misericordia y gracia de Dios (vea Efesios 2:20). Su fuerza no yace en la administración, incluso tampoco necesariamente en la enseñanza o en el exponer la visión, sino en el tener un corazón que haya sido preparado para proporcionar el cuidado de Dios de manera personal, uno a uno. Muchos pastores tratan de hacer todo lo que se necesita para administrar y dirigir una iglesia, razón por la que la fatiga es un problema frecuente entre ellos, tanto así que quince mil pastores se retiran cada año, y eso es tan sólo en Estados Unidos.

Cuando las iglesias estén más estructuradas de acuerdo a la Biblia, se descubrirán y comisionarán muchos más pastores que no estarán agobiados con la responsabilidad de los aspectos financieros y por lo tanto serán libres para amar a las ovejas del Señor sin preocuparse por la remuneración. No hay nada más contaminado que un pastor asalariado. (Vea Juan 10: 12-13)

Pastoras

Otra razón por la que somos débiles en el aspecto pastoral es que hemos segregado o limitado a las mujeres para que desempeñen este papel. Muchas mujeres parecen tener más facilidad en la intercesión y así también en esta área. Muchas mujeres tienen el don de la crianza y el don pastoral, y cuando las reconozcamos lo suficiente en su función adecuada, tendremos una iglesia que represente mejor el corazón de nuestro Buen Pastor.

Pastores en el mercado

Además de los cambios grandes que vienen a la iglesia normal, viene grandes cambios a la iglesia extendida, es decir, en el mercado, pues es allí donde se tiene que tomar los montes. Los pastores deben infiltrarse en el monte de la familia en todos los sectores de la sociedad. Sin importar el puesto que tenga en su trabajo, usted puede ser llamado a fungir como pastor de facto en ese lugar. Su tarea específica es desplazar a los jebuseos a través de traer la sanidad, la redención, y la aceptación de Cristo a la gente en dondequiera que se encuentra. El rechazo es la puerta que abre a la gente a todas las maquinaciones de Baal. Debemos reaccionar en las etapas tempranas, y Dios nos dará el poder de su fuerza para liberar a los cautivos de Baal.

Pastores en los servicios sociales

Una de las áreas primarias de necesidad es el de los servicios sociales. Todo el personal del Departamento de Servicios a la Familia e Infancia debería estar conformado por pastores; no por pastores profesionales ordenados, sino por aquellos que vean el monte de la sociedad como su campo misionero. Muchos cristianos no quieren involucrarse en ese escenario porque el salario es algo bajo y las posiciones no ostentan ningún prestigio. Es por ello que se requieren verdaderos pastores y no asalariados para esta encomienda en la infraestructura social de la nación. Esto es un toque de clarín para que los revolucionarios de Elías entren en este ámbito y comiencen a traer el reinado y el dominio de Dios a la tierra.

Jueces que son pastores

A los jueces se les concede una gran injerencia en los asuntos personales y familiares. Se serviría mejor al Reino si los juzgados estuvieran llenos de hijos e hijas de Dios que entiendan los senderos del Rey. Solo los jueces llenos del Espíritu Santo pueden tener el instinto adecuado para administrar justicia y piedad. Necesitamos jueces que sepan que Dios realmente los considera pastores y que estén dispuestos a traer su luz en este sentido.

Los niveles del monte

Ya hemos visto que Baal y los jebuseos son las influencias espirituales en la cima de este monte. El reconocer los rostros físicos no están tan claros como en las demás. Sin embargo, las leyes que gobiernan las relaciones familiares se encuentran aquí. Las leyes son importantes en el sentido en que representan la aprobación tácita del gobierno hacia las conductas. Entonces, el gobierno es responsable ante Dios de las leyes en los libros. Por ejemplo, algunos abortos se realizarán aunque haya una ley en contra de ello. Pero si un gobierno no establece ninguna norma de justicia, entonces es el responsable de los pecados de las personas, y no sólo de los pecadores individuales. Por tanto, las leyes y ordenanzas que gobiernan a la familia, y, por extensión, a aquellos que tienen el poder de cambiarlos, se asienta en la cima de este monte.

El Tribunal Supremo es quizás más influyente en el monte de la familia que en el monte de la política. Fue ella quien decidió en el caso *Roe vs. Wade*, y es la única entidad que tiene el poder de revertir el veredicto. Sus jueces tienen el poder de determinar, lo que es una familia para fines jurídicos. Ellos tienen injerencia en todas las resoluciones relacionadas con la moralidad. Para derrocar a Baal por completo y tomar este monte, tendremos que traer la influencia de Jesús al Tribunal Supremo. La emergente Revolución de Elías comenzará a traer el orden de Dios a este monte.

Los juzgados de menor importancia, que tienen una autoridad considerable en aspectos familiares, están en el nivel medio del monte. En el nivel más bajo del monte, se encuentra la presencia del pueblo de Dios como pastores en cada segmento y fibra de la sociedad, particularmente aquellos que son funcionarios o voluntarios de los servicios que presta el gobierno para atender a las familias.

¿Qué dice la Biblia acerca de la familia?

La Biblia utiliza la palabra *familia* 123 veces y la palabra *familias* 174 veces. El Señor establece que Él es el Dios de las familias. Incluso la Trinidad refleja una dinámica familiar. Hay un Padre y un Hijo, y el rol del Espíritu Santo preparará la novia para el Hijo para las bodas del Cordero. (Vea Apocalipsis 19:9). Su corazón hacia una vida de relación se expresa con más amplitud en el Salmo 68:

> "Padre de huérfanos y defensor de viudas; es Dios en su santa morada. Dios hace habitar en familia a los desamparados; saca a los cautivos a prosperidad; mas los rebeldes habitan en tierra seca".
>
> Salmo 68: 5-6

El corazón de Dios es el corazón de un hombre de familia. Los miembros de la Trinidad estaban en íntima comunión cuando se creó el mundo. Después crearon a Adán, quien, por estar hecho a imagen de la Trinidad, estaba solo hasta tener identidad familiar. En el Salmo 68, Dios se anuncia como el "padre de huérfanos". Él sabía que el hombre cometería alguna falta bajo su modelo y entonces se brindó a sí mismo como el Padre de los huérfanos. Para una viuda que perdió a su marido, Él es el defensor e incluso su marido, como lo anuncia en Isaías 54:5. El pasaje anterior menciona que "Dios hace habitar en familia a los desamparados". Todos somos solitarios por naturaleza, pero Él nos ha puesto en familia para hacernos fructíferos al vivir en una vida familiar adecuada. El individuo más excelente sobre la tierra no puede reproducir nada fuera del contexto familiar. La Revolución de Elías recuperará y revelará la belleza de la familia. Los corazones de los padres y de sus hijos se tornaran unos hacia los otros.

> "He aquí, yo os envío el profeta Elías, antes que venga el día de Jehová, grande y terrible. El hará volver el corazón de los padres hacia los hijos, y el corazón de los hijos hacia los padres, no sea que yo venga y hiera la tierra con maldición."
>
> Malaquías 4: 5-6

Aún no hemos abordado la última frase, pero es importante. Si este restablecimiento de la familia no sucede, a la tierra le sobrevendrá una maldición. La palabra *maldición* significa "aniquilación". La tierra sufrirá una aniquilación si no se restablece la verdadera familia en la tierra. El sida es una enfermedad que tiene sus raíces en la violación de las costumbres y convenciones de Dios para la familia. Es una enfermedad del pecado que diezma a las familias y provoca que haya millones de huérfanos. Un hombre y una mujer que se casaron siendo vírgenes, se proveyeron de la máxima protección contra el sida. Por supuesto, existen portadores inocentes del sida, pero el origen de la enfermedad es pecaminoso y de conducta antifamiliar. ¿Puede ser la maldición de Malaquías 4:6 una enfermedad o un virus, o algo peor, que caiga sobre los desobedientes? Los revolucionarios de Elías no se mantendrán al margen ni permitirán que esa posibilidad se extienda.

Tomaremos la responsabilidad y llevaremos a cabo el trabajo de restablecimiento del espíritu de Elías a las naciones.

El enfoque múltiple

Ya hemos abordado varios aspectos del enfoque múltiple. Lo importante es que nos demos cuenta de que *es* un enfoque en varias direcciones. No solo debemos dedicarnos a la oración o a la acción; tenemos que cubrir ambas. Dentro de estos dos amplios enfoques existen diversas estrategias. La clave es la infiltración en los diferentes niveles del monte que ya se han mencionado. Necesitamos encontrar nuestra fila de favor y unción y comenzar a marchar en esa fila. La cima del monte debe estar inundada de revolucionarios de Elías, y los que lo hagan descubrirán que estarán siendo respaldados por un gran nivel de favor. Ya es tiempo de que la casa del Señor sea exaltada, y que se colapsen las demás infraestructuras, para causar a las naciones que *corran* la casa del Señor.

La estrategia de oración

Llevar a cabo, una oración intensa por el Tribunal Supremo es una prioridad de primer nivel. Es importante que entendamos y creamos en fe que podemos legislar en el ámbito del Espíritu, incluso aun con la gente incorrecta en autoridad. Si no entendemos este hecho, sólo nos prepararemos en oración para las elecciones y pensaremos que hemos ganado o perdido basándonos en esos eventos.

El libro de Ester nos hace acordarnos del poder de la intercesión. Históricamente, se consideraba que Asuero era un hombre malo, pero mediante la intercesión de Ester, realizó decretos justos que beneficiaron en gran medida al pueblo de Dios. Por otro lado, hemos tenido jueces del Tribunal Supremo que parecían ser las personas adecuadas, pero que, una vez que estaban bajo el poder de influencia que les da el estar en la cima del monte, empezaron a votar en contra de lo que es justo y correcto. Debemos realizar un rompimiento por medio de la oración y crear una cobertura de influencia en el Espíritu bajo la que se promulguen leyes justas sin importar quien esté en funciones. Debemos derrocar a Baal de Washington D.C., y una influencia preponderante de Dios se elevará para que el temor de Dios empiece a instruir a los jueces del Tribunal Supremo. Por supuesto que tenemos que trabajar para eliminar a los jueces malos o impostores, pero la clave es eliminar a Baal por medio de la oración. La intercesión es un arma poderosa para tomar el Tribunal Supremo y la cima de este monte.

La estrategia de acción

Anteriormente, se han explicado varias estrategias de acción. Necesitamos tanto estrategias preventivas como estrategias redentoras. Con estrategias preventivas, me refiero al establecimiento y la defensa de leyes que fortalezcan la unidad familiar. Con estrategias redentoras, me refiero a encontrar formas para restablecer, construir y recuperar la vida familiar que se ha perdido.

La evidencia estadística indica abrumadoramente que nuestras leyes de asistencia social son en realidad dañinas para la unidad familiar. Se han realizado algunos ajustes, pero se necesitan muchos más. Cualquier ley que remunere a la gente que tiene hijos fuera del matrimonio, y los beneficia más si no están casados, tiene efectos negativos en la unidad familiar. Las leyes de asistencia social que provocan que estar desempleado sea ventajoso en el aspecto financiero (en contraste con tener un trabajo con un salario bajo) sin querer promueve la dependencia de por vida de la asistencia social, lo que no es saludable ni para el individuo ni para la familia. Quien sea que tenga la oportunidad y el favor de resolver estos problemas legales debe abordar la reforma de este sistema desde una perspectiva de lo que promovería y fortalecería en mayor medida una unidad familiar sólida. Los factores financieros no deben ser consideraciones primarias para determinar el buen derecho. La gracia de Dios irá de la mano de los esfuerzos para implementar los cambios justos.

Un problema devastador es que el número de huérfanos en el mundo ha alcanzado una etapa crítica y seguirá incrementando. Existen millones de huérfanos a causa del sida solo en África. Son niños cuya unidad familiar nuclear está destruida. También hay huérfanos por causas bélicas. En el mundo hay aproximadamente doscientos cincuenta mil niños soldados, y la mayoría de ellos son huérfanos.

Este problema de niños sin hogar y sin familia quebranta el corazón del Señor.

Algunos revolucionarios de Elías serán bendecidos con estrategias y recursos para crear un nuevo modelo de orfanatos. Los orfanatos que estén empapados con el espíritu de Elías podrán brindar una sanidad sobrenatural y restauración para sus huérfanos. Ya existen algunos modelos muy buenos, pero incluso para ellos hay una mejora disponible. Estos nuevos orfanatos del Reino no sólo producirán sobrevivientes de un horrible trauma, sino también serán los lugares de donde provengan los campeones de las cimas de los montes. A quienes Satanás les haya robado más, se les dará la autoridad y el favor para causarle el mayor daño posible. Algunos de los hombres (y mujeres) más poderosos de la sociedad del futuro por el moemnto son huérfanos devastados. Una enorme gracia se encuentra disponible para aquellos que se extiendan para alcanzar a estos niños amados de Dios. Su corazón siempre se conmueve en gran medida por los huérfanos, los rechazados, y aquellos sin esperanza de un futuro, excepto un futuro en Él. Es momento de abordar este monte y establecer el inconmovible Reino de Dios allí.

POR CABEZA Y NO POR COLA

"Te pondrá Jehová por cabeza, y no por cola; y estarás encima solamente, y no estarás debajo, si obedecieres los mandamientos de Jehová tu Dios, que yo te ordeno hoy, para que los guardes y cumplas."

DEUTERONOMIO 28:13

ES IMPORTANTE QUE NOSOTROS, quienes fuimos adquiridos por la sangre de Cristo, nos demos cuenta de que siempre ha sido su voluntad que estemos en las cimas de estos montes en un lugar de preeminencia y bendición. Él no es un Dios sádico que le encanta ver a su pueblo luchar y apenas sobrevivir. Nada puede estar más lejos de la verdad. Siempre ha buscado motivarnos con la esperanza de la Tierra Prometida; de la abundancia ilimitada, en cuerpo, alma y espíritu. Él nos quiere regalar eso por dos razones. Primero, porque Él es nuestro gran Padre cariñoso que ama colmar a sus hijos de bendiciones. Segundo, porque sus bendiciones son su máxima manifestación ante los principados y potestades de la verdad concluyente que dice que el amor prevaleció. Lo único que Él siempre ha pedido a cambio es que obedezcamos sus mandamientos.

Desde hace mucho tiempo conocemos y reconocemos los Diez Mandamientos. No los hemos cumplido tan bien, ni nosotros ni su propio pueblo. Sin embargo, estos mandamientos no expresan la pasión primaria del corazón de Dios para su pueblo. Su propósito y deseo para Israel era el mandamiento de entrar a la Tierra Prometida. Ellos no acogieron este propósito por toda una generación. En vez de eso, vivieron como "la cola" debido a su desobediencia al mandato de entrar a Canaán y despojar a las "siete naciones mayores y más poderosas que tú". Israel desobedeció este mandamiento porque la vida en Egipto los acondicionó para que perdieran la fe. Ellos fueron prisioneros de una nación que controlaba todos sus movimientos. Ahora, Dios los estaba desafiando a creer que podían dominar a las *siete* naciones, que eran todas más poderosas y grandiosas que ellos. No tenían fe para creer estas promesas porque estaban encerrados en la incredulidad de sus experiencias pasadas.

Hebreos 3 nos da una perspectiva del Nuevo Testamento:

"Por lo cual, como dice el Espíritu Santo: Si oyereis hoy su voz, no endurezcáis vuestros corazones, como en la provocación, en el día de la tentación ("rebelión" en otra versión) en el desierto, donde me tentaron vuestros padres; me probaron, y vieron mis obras cuarenta años. A causa de lo cual me disgusté contra esa generación, y dije: Siempre andan vagando en su corazón, y no han conocido mis caminos. Por tanto, juré en mi ira: No entrarán en mi reposo mirad, hermanos, que no haya en ninguno de vosotros corazón malo de incredulidad para apartarse del Dios vivo, ¿quiénes fueron los que, habiendo oído, le provocaron? ¿No fueron todos los que salieron de Egipto por mano de Moisés? ¿Y con quiénes estuvo él disgustado cuarenta años? ¿No fue con los que pecaron, cuyos cuerpos cayeron en el desierto?¿Y a quiénes juró que no entrarían en su reposo, sino a aquellos que desobedecieron? Y vemos que no pudieron entrar a causa de incredulidad".

HEBREOS 3:7-12, 16-19

El Señor vio el periodo de cuarenta años como un periodo "de rebelión". Les proporcionó el maná que venía del cielo, les dio agua de la roca, los protegió de sus enemigos, pero todo eso fue "en la rebelión". Un día miraremos dos mil años atrás, desde Cristo, y nos percataremos que todo ha estado en "la rebelión". Nuestra rebelión no ha sido en contra de los Diez Mandamientos. Ha sido una rebelión manifestada en la incredulidad de que Dios puede utilizarnos para despojar a las siete naciones mayores y más poderosas que nosotros. Este fue el corazón malvado de Israel, el pecado mediante el que se manifestó todo otro pecado. Cuando vamos en contra de nuestro propósito y nuestra misión, estamos sujetos a los pecados que se engendran el estar en rebelión. Israel se perdió en Baal, en becerros de oro y en murmurar y quejarse porque no estaban cumpliendo su misión. Ellos no acogieron el mandato de Dios de apoderarse de la tierra, entonces ellos siguieron en la cola y no en la cabeza. Se quedaron abajo y no arriba.

¿Cómo es estar en la cabeza?

Deuteronomio 28 nos dice lo que es estar en la cabeza:

> "Bendito serás tú en la ciudad, y bendito tú en el campo. Bendito el fruto de tu vientre, el fruto de tu tierra, el fruto de tus bestias, la cría de tus vacas y los rebaños de tus ovejas. Benditas serán tu canasta y tu artesa de amasar. Bendito serás en tu entrar, y bendito en tu salir. Jehová derrotará a tus enemigos que se levantaren contra ti; por un camino saldrán contra ti, y por siete caminos huirán de delante de ti. Jehová te enviará su bendición sobre tus graneros, y sobre todo aquello en que pusieres tu mano; y te bendecirá en la tierra que Jehová tu Dios te da".
>
> DEUTERONOMIO 28: 3-8

El Señor describe las bendiciones de todas las formas concebibles. Incluso la extiende a la derrota de todos los enemigos que se levanten en contra de sus bendiciones. Esto es lo que la vida en la Tierra Prometida debe ser. El enemigo "por siete caminos huirá de delante de ti". Aunque las siete naciones sean mayores y más poderosas huirán en siete direcciones. La promesa de bendición no es algo que deba "reclamarse y declararse" mientras estemos rondando en el desierto. Ese es el error principal del mensaje de la prosperidad: la idea de que Dios quiera que tengamos y seamos todas esas cosas en el desierto. Sólo nos bendecirá de esta manera en la conquista activa de los siete montes. Y hay más:

> "Te confirmará Jehová por pueblo santo suyo, como te lo ha jurado, cuando guardares los mandamientos de Jehová tu Dios, y anduvieres en sus caminos. Y verán todos los pueblos de la tierra que el nombre de Jehová es invocado sobre ti, y te temerán. Y te hará Jeho-

vá sobreabundar en bienes, en el fruto de tu vientre, en el fruto de tu bestia, y en el fruto de tu tierra, en el país que Jehová juró a tus padres que te había de dar".

DEUTEROMIO 28: 9-11

La gran obra a cumplir para el pueblo santo del Señor es lograr la intimidad con Él. El gran deseo del Señor es que los pueblos de la tierra vean lo bueno que es Él con aquellos que le sirven. Seremos ricos en Dios mismo en toda manera concebible en lo que se refiere a prosperidad y bendición, pero tiene que ser "en el país que Jehová juró a tus padres te había de dar". Esto siempre ha estado en el corazón de Dios para cada generación. A pesar de todo, Él sabía que el grupo de revolucionarios de Elías no cruzaría el Jordán (en sentido figurado), sino hasta después de dos mil "codos" o años detrás del Arca (Jesús).

Las promesas de Deuteronomio 28 no son para aquellos que ven el rapto como su estrategia de salida del planeta tierra. Estas promesas no son para los que no tienen fe de ver los reinos de esta tierra convertirse en los reinos del Señor. Estas bendiciones no son para los que viven como ciudadanos del mundo y solo sienten una lealtad secundaria por el Rey. Estas bendiciones no son para los que no se arriesgan ni ejercen fe alguna. Estas bendiciones no son para los que luchan en contra de enemigos que *pueden* vencer. Estas bendiciones son para los que se han enrolado para tomar las siete naciones mayores y más poderosas; aquellos que están dispuestos a tomar los siete montes de los medios de comunicación, de la economía, de la religión, del gobierno, de la educación, de la celebración y de la familia. Esto es para los que pueden ver a Apolión y sus heteos del temor, a Lucifer y sus gergeseos de la corrupción, a Belcebú y sus amorreos del humanismo, a Mamón y sus cananeos de la avaricia, al Espíritu Religioso y sus ferezeos de la idolatría, a Jezabel y sus heveos de la perversión y a Baal y sus jebuseos del rechazo, y puedan decir, como Josué y Caleb, "Nos los comeremos como pan".

"Y Josué hijo de Nun y Caleb hijo de Jefone, que eran de los que habían reconocido la tierra, rompieron sus vestidos, y hablaron a toda la congregación de los hijos de Israel, diciendo: La tierra por donde pasamos para reconocerla, es tierra en gran manera buena. Si Jehová se agradare de nosotros, él nos llevará a esta tierra, y nos la entregará; tierra que fluye leche y miel. Por tanto, no seáis rebeldes contra Jehová, ni temáis al pueblo de esta tierra; porque nosotros los comeremos como pan; su amparo se ha apartado de ellos, y con nosotros está Jehová; no los temáis."

NÚMEROS 14:6-9

Sólo dos hombres de todos los que estaban en Egipto pudieron ver la perspectiva del Señor. Sólo dos vieron la tierra en gran manera buena. Sólo dos sabían que el temor a las siete naciones era estar en rebelión. Sólo Josué y Caleb vieron a los enemigos imposibles como fuerzas cuya protección ya se había apartado de ellas, incluso cuarenta años antes de que se alistaran para el combate. El resto de Israel los vio como gigantes invencibles, pero estos hombres vieron a los gigantes como alimento para fortalecerse. El deshacerse de los *eos* era para ellos como comer pan. ¿Les pareció sensato a los hijos de Israel?

"Entonces toda la multitud habló de apedrearlos."

NÚMEROS 14:10

No sólo desdeñaron de manera verbal a Josué y Caleb por sugerir que tal vez Dios podía realmente entregar las naciones a aquellos que se lo pidieran, Israel intentó callarlos para siempre. Querían que murieran por decir que Dios podía darles más que las raciones de emergencia que Dios les había dado en el desierto.

Su desdén y temor repercute a través de las generaciones. "Cómo se atreven a desafiar al *status quo* doctrinal de la vida en el desierto. Cómo se atreven a creer en un Dios que puede tomar una nación en un día. Cómo se atreven a creer en un Dios que puede llevar a cabo 'mayores obras' por medio de sus hijos que las que Él mismo llevó a cabo. Cómo se atreven a creer en un Dios tan grande y poderoso. Estas voces deben ser acalladas, porque los de las generaciones más jóvenes pueden comenzar a creer estas expectativas poco realistas, y entonces todos estaremos en problemas. Ellos no comprenden lo que es la historia o la tradición, y pueden terminar creyendo que todo es posible. Solo falta que empiecen a profetizarle a los montes ordenándoles que se quiten (vea Marcos 11:23). ¿Qué sigue?, ¿profetizar sobre huesos secos y esperar vida de ellos? No, esto es peligroso. Si creemos en Josué y Caleb, vamos a tener que deshacernos de todos nuestros libros y manuales de escatología. Que horror. Esta clase de pláticas pueden comenzar una revolución".

Recibir un espíritu diferente

Cuando observamos la vida de Josué y de Caleb para entender cómo pudieron ver las cosas de una manera tan diferente a como las vio una nación entera, solo podemos encontrar una pista importante en la Biblia.

> "Pero a mi siervo Caleb, por cuanto hubo en él otro espíritu, y decidió ir en pos de mí, yo le meteré en la tierra donde entró, y su descendencia la tendrá en posesión."
>
> NÚMEROS 14:24

El espíritu de Caleb es el mismo espíritu que el Señor está liberando ahora. Es el espíritu de Elías que vendrá y que convertirá a los Don Nadie promedio en revolucionarios de Elías que no temerán a nada excepto a no tener fe suficiente en un gran Dios. Cuando este espíritu diferente se pose sobre usted, su Dios crecerá para ser enorme, y, de la nada, los gigantes se volverán pan para comer. Si este virus del buen Dios lo ha contagiado, comenzara a arder con nuevas esperanzas y expectativas de su grandeza en la tierra. Comenzará a correr a través del Jordán, declarando la muerte de su vieja identidad de solo ser salvo y estar esperando el regreso del Señor, para ahora abrazar la nueva identidad de ser salvo y estar *apresurando* su regreso (vea 2 Pedro 3:12).

Apresuramos el regreso de Jesús al cumplir con la misión que Él nos encomendó. Él seguirá permitiendo la muerte de generación en generación, sin regresar, hasta que una generación entienda su misión y lleve a cabo su voluntad en la tierra como en el cielo. Hechos 3:21 nos dice que Jesús se mantendrá en el cielo "hasta los tiempos de la restauración de todas las cosas", específicamente "del que habló Dios por boca de sus santos profetas que han sido desde tiempo antiguo". ¿De qué han estado hablando los profetas desde los inicios del mundo? De sojuzgar a la tierra y señorear sobre todas las cosas vivientes que se muevan sobre ella (vea Génesis 1:28). Los poderes demoníacos también son objetos vivientes que se mueven sobre la tierra, y hasta que una generación se levante para cumplir con la misión de sojuzgarlos y dominarlos, Jesús se mantendrá en el cielo. Él no regresará hasta que todo se haya cumplido. Usted puede orar por su regreso hasta que la cara se le ponga azul, pero Él no regresará hasta que alguien termine la tarea. Él estará sentado intercediendo por nosotros a la derecha del Padre hasta que todos sus enemigos estén debajo de nuestros pies (vea Salmos 47:3 y Romanos 16:20). Una vez que sus enemigos estén aplastados, todas las cosas buenas que Dios pretende que tengan lugar en la tierra serán restablecidas. Sólo en ese momento podremos admitir esa ilusión que dice que "Él puede regresar cualquier día de estos", en la que algunos ya lo creen posible.

Los siete espíritus de Dios en los siete montes

Apocalipsis 1:4 hace referencia a los siete espíritus de Dios. El término de nuevo aparece en Apocalipsis 3:1 y vuelve a aparecer en el siguiente capítulo. Y del trono salían relámpagos y truenos y voces; y delante del trono ardían siete lámparas de fuego, las cuales son los siete espíritus de Dios.

Al final aparece por última vez en el siguiente capítulo:

> "Y miré, y vi que en medio del trono y de los cuatro seres vivientes, y en medio de los ancianos, estaba en pie un Cordero como inmolado, que tenía siete cuernos, y siete ojos, los cuales son los siete espíritus de Dios enviados por toda la tierra".
>
> APOCALIPSIS 5:6

Es por medio del Cordero y debido a Él que Dios mandó a sus siete espíritus por toda la tierra. Estos siete espíritus tienen una misión *en la tierra*. Ellos no se quedan en el cielo. Los siete espíritus tienen siete cuernos y siete ojos. Los cuernos representan el poder y la autoridad y los ojos representan los ojos proféticos. Los siete espíritus son el espíritu de Elías profetizado en Malaquías. Es el mismo poder profético y la unción que se posa sobre él. Apocalipsis 19:10 nos dice que "el testimonio de Dios es el espíritu de la profecía". El poder (los cuernos) y la vista (los ojos) vienen junto con Él. En la manera misma que recibimos la mente de Cristo para el fin de los tiempos, nuestros ojos se iluminan para entender qué tanto poder y autoridad Él les concedió a los santos en la tierra.

"Alumbrando los ojos de vuestro entendimiento, para que sepáis cuál es la esperanza a que él os ha llamado, y cuáles las riquezas de la gloria de su herencia en los santos, y cuál la supereminente grandeza de su poder para con nosotros los que creemos, según la operación del poder de su fuerza, la cual operó en Cristo, resucitándole de los muertos y sentándole a su diestra en los lugares celestiales, sobre todo principado y autoridad y poder y señorío, y sobre todo nombre que se nombra, no solo en este siglo, sino también en el venidero."

EFESIOS 1:18-23

Cuando los ojos del entendimiento se iluminen, comenzaremos a heredar la grandeza de su poder. Al recibir a los siete espíritus de Dios que testifican la herencia gloriosa disponible para los santos, recibimos al espíritu de Elías. Entonces veremos el resultado final de los siete espíritus de Dios liberados en la tierra:

"Y nos has hecho para nuestro Dios reyes y sacerdotes, y reinaremos sobre la tierra".

APOCALIPSIS 5:10

Esto no llegará a su fin hasta que reinemos en la tierra. El Génesis comienza con "señorear sobre todo" y el Apocalipsis termina con "reinaremos sobre la tierra". El Cordero que fue inmolado provee los siete espíritus de Dios que traen consigo los siete cuernos de poder sobre las naciones mayores y más poderosas que nosotros. Por eso, el que sean mayores y más poderosas que nosotros es secundario. Él ha liberado los siete cuernos del poder para derrocar a todos los espíritus rebeldes que se han exaltado en contra del Creador. Los siete ojos liberan la visión profética para entender que esta es nuestra herencia en la tierra. La tierra seguirá cambiando y sacudiéndose con la expectativa y los dolores de parto. Esto causará una serie de tsunamis que transformarán totalmente la faz de la tierra. Todas las estructuras movibles se vendrán abajo. Todo lo que deba sacudirse se sacudirá. Pero los hijos e hijas del Reino estarán en las cimas de los montes y recibirán el reino inconmovible. Entonces será el fin de toda la rebelión en la tierra.

NOTAS

Capítulo 1: ¡Tsunami!

1. La cifra oficial del Estudio Geológico de Estados Unidos es 9.1 aunque aún existen dudas sobre si en realidad fue de 9.3

Capítulo 7: Los amorreos y el monte de la educación

1. Howard Kurtz, "College Faculties a Mostly Liberal Lot, Study Finds," *Washington Post*, March 29, 2005.
2. Vea http://www.viewzone.com/bicam.html (consultada el 30 de noviembre de 2007).

Capítulo 8: Los cananeos y el monte de la economía

1. Vea http://stocks.ezguide2.com/ (consultada el 30 de noviembre de 2007).
2. Vea http://www.nrlc.org/abortion/facts/abortionstats.html
3. (consultada el 30 de noviembre de 2007).

Capítulo 9: Los ferezeos y el monte de la religión

1. Vea http://www.adherents.com/Religions_By_Adherents.html (consultada el 30 de noviembre de 2007).

Capítulo 10: Los heveos y el monte de la celebración

1. Vea http://www.burntout.com/kurt/biography/ (consultada el 30 de noviembre de 2007).

Capítulo 11: Los jebuseos y el monte de la familia

1. Vea http://www.nrlc.org/abortion/facts/abortionstats.html (consultada el 30 de noviembre de 2007).

TABLA DE REFERENCIA RÁPIDA DE LA PROFECÍA DE LOS SIETE MONTES

Monte	Enemigo del monte	Principado del monte	Autoridad importante que los desplazará	Misión básica	Clave en Apocalipsis 5:12
Medios de comunicación	Heteos (representan las malas noticias)	Apolión (destructor)	Evangelistas	Llenar los medios con "buenas noticias"	Alabanza
Gobierno	Gergeseos (representan la corrupción)	Lucifer (orgullo)	Apóstoles	Ocupar puestos con siervos humildes e íntegros	Poder
Educación	Amorreos (el humanismo)	Belzebú (mentiras)	Maestros	Implantar currículos basados en el temor a Dios	Sabiduría
Economía	Cananeos (representan la avaricia)	Mamón (amor al dinero)	Profetas	Descubrir y transferir las riquezas a la casa de Dios	Riquezas
Celebración	Heveos (representan lo falsificado)	Jezabel (seducción)	Profetas	Que las artes profeticen mediante las artes	Gloria
Religión	Ferezeos (representan la idolatría)	El espíritu religioso (la falsa adoración)	El Espíritu Santo	Una vida y un ministerio infundido del Espíritu Santo	Honor
Familia	Jebuseos (representan el rechazo)	Baal (perversión)	Pastores	Sistemas de impacto social que tengan como prioridad la unidad familiar	Fortaleza

RESUMEN DE LA PROFECÍA DE LOS SIETE MONTES

Capítulo 1:
¡Tsunami!

Justo como el tsunami asiático de 2004 que repentinamente elevó el nivel del mar y cambió el paisaje de todo lo que estaba en su camino, así viene un tsunami espiritual que transformará el mundo como lo conocemos. Pero el resultado de este tsunami no será desastroso, pues traerá el reinado y dominio de Dios para que rija en los lugares que se encuentran bajo el yugo y que han sido devastados por las potestades malvadas de la oscuridad.

Capítulo 2:
La revolución de Elías

El mundo y la iglesia necesitan una reconstrucción extrema. La Revolución de Elías, que ya viene, tendrá dinámicas de transformación que serán tan poderosas como un tsunami y que afectarán al mundo entero, incluyendo a la iglesia. Este movimiento de Dios tendrá todas las características del ministerio de Elías. Será profético y poderoso y preparará el camino del Señor antes de su regreso. Según las Escrituras, Jesús estará sentado a la derecha de Dios hasta que todos sus enemigos estén debajo de sus pies. La Revolución de Elías logrará esto.

Capítulo 3:
Impulsados a la Tierra Prometida

La Revolución de Elías nos llevará a la Tierra Prometida, mientras sigamos al arca de la presencia de Dios. En el libro de Josué, el pueblo de Dios siguió al arca a dos mil codos de distancia; nuestra generación ha seguido al ministerio de Cristo en la tierra como dos mil años y seremos llevados por caminos desconocidos. Nuestra Tierra Prometida son las naciones, y todas ellas le pertenecen al Señor de manera justa. Conforme prosigamos con nuestra misión, tendremos provisiones de la Tierra Prometida. El maná del cielo y el agua de la roca sólo eran provisiones del desierto. Recibiremos la abundancia de la promesa de Dios para poder cumplir con su llamado sobre nosotros.

Capítulo 4:
Siete naciones mayores y más poderosas

Cuando el Señor nos lleve a la Tierra Prometida, nos encontraremos con siete naciones "mayores y más poderosas" que nosotros. (Deuteronomio 7:1). Los enemigos de Josué eran los heteos, los gergeseos, los amorreos, los cananeos, los ferezeos, los heveos y los jebuseos. Para nosotros, esas naciones corresponden a los siete "montes" que le dan forma a la sociedad: los medios de comunicación, el gobierno, la educación, la economía, la religión, la celebración y la familia. Estos montes se revelaron de manera separada, pero simultáneamente a Bill Bright y Loren Cunninghan como claves para transformar a las naciones. Con las estrategias y el poder que Dios les de, los revolucionarios de Elías tendrán favores sin precedentes para desplazar los principados del mal sobre estos montes y ocuparlos con ciudadanos del reino.

Capítulo 5:
Los heteos y el monte de los
medios de comunicación

La palabra heteo viene de una palabra que significa "terror" o "temor", exactamente las características de los medios noticiosos de comunicación modernos, que de manera abrumadora se enfocan en las noticias negativas e incluso deciden cuáles serán las historias negativas a las que se les concederán los titulares o estarán más tiempo al aire. El principado de Apolión, (que significa el destructor), que se encuentra en la cima del monte, tergiversa las noticias y esclaviza a la gente al amplificar sus temores. Los revolucionarios de Elías, quienes funcionarán como verdaderos evangelistas en esencia, darán las noticias de una forma adecuada, incluso cuando sean malas, pero tendrán la capacidad de encontrar un ángulo redentor en cada historia. Sus palabras profetizarán de manera poderosa las bendiciones de Dios para el mundo.

Capítulo 6: Los gergeseos y
el monte del gobierno

La mayoría de la gente considera que la política es "del diablo". Eso es debido a que los cristianos la han abandonado a su merced. Los gergeseos, cuyo nombre significa "los que habitan en suelo arcilloso", representan los deseos terrenales y las ambiciones corruptas de este monte. Lucifer, el príncipe de este monte, será desplazado por aquellos que asciendan en el espíritu contrario a su orgullo; es decir, en un espíritu de humildad y servicio. Los verdaderos apóstoles, no aquellos en cuya tarjeta de presentación está escrita la palabra "apóstol", sino aquellos que tengan dicha función como la definen las Escrituras, desempeñarán una función decisiva en la toma del monte del gobierno. Ellos entenderán que "lo dilatado de su imperio [de Jesús] no tendrá límite" (Isaías 9:7).

Capítulo 7:
Los amorreos y el monte de la educación

Las instituciones educativas de mayor influencia que comenzaron siglos atrás como colegios y universidades cristianas ahora están saturadas de filosofías humanistas liberales. El monte de la educación está dominado por escuelas como Harvard, Yale y Princeton que han educado a numerosos líderes mundiales. Los amorreos en este monte, que representan el orgullo, la jactancia y la altanería caracterizan los ensalzados ideales del hombre del humanismo, el liberalismo, el racionalismo y el ateísmo. Los juicios de Dios pronto serán lo suficientemente claros para que la gente deje de preguntarse si Dios existe y, en vez de eso, se pregunten lo que deben hacer acerca de su existencia.

Un error preponderante en todos los sistemas de enseñanza es el énfasis en que el hemisferio izquierdo entienda la verdad. Los prejuicios extremos en contra de pensar con el hemisferio derecho transforma a la gran mayoría de los niños que tenían capacidad para recibir las revelaciones creativas, imaginativas e intuitivas de Dios, en niños que son racionalistas, críticos y tan limitados a los cinco sentidos de los humanos que ya no pueden recibir las revelaciones de Dios. La Revolución de Elías destronará a Belcebú de este monte, y hará que la educación regrese a una iniciativa en la que funciona debidamente el hemisferio derecho, con el fin de abrirles camino a los niños en el discernimiento de la presencia de Dios y para que puedan profetizar sus misterios.

Capítulo 8:
Los cananeos y el monte de la economía

Las dos mentiras gemelas de la avaricia y la pobreza provienen de la influencia de los principados de Mamón o Babilonia. Este espíritu mentiroso convence a la gente de que el dinero es su fuente verdadera de provisión. Prefiere esclavizar a la gente por medio de la pobreza, y en donde Dios bendice con abundancia, el espíritu de Mamón deforma la abundancia en avaricia por tener más. Pero los sistemas económicos del mundo algún día colapsarán, y aquellos que obraron bajo su espíritu de pobreza y avaricia, no tendrán nada de qué depender, excepto de Dios.

Dios llama a su pueblo para que salga de este sistema. Aquellos que dependen exclusivamente de el Señor "se comerán la riqueza de las naciones". La abundancia vendrá como resultado de la fe en las palabras proféticas que Dios nos da por medio de sus siervos; una dinámica que se demuestra con frecuencia en las Escrituras (mediante hombres como José, Elías, Eliseo) y en mis propias experiencias en Honduras, Costa Rica, Perú, entre otros lugares. Babilonia será conmovida hasta colapsar, pero aquellos que confían en el Señor no sufrirán de escasez alguna.

Capítulo 9:
Los ferezeos y el monte de la religión

La idolatría despoja a la gente de su provisión y protección, palabras que reflejan el significado del nombre de los ferezeos, al someterlos a dioses que no pueden proveer y no proveerán nada bajo sus promesas vacías. El espíritu de la religión en lo alto del monte hace todo lo que puede para robar la veneración que, por razones justas, le pertenece a Dios, ya sea mediante la adoración descarada a Satanás, la religiosidad sutil o cualquier otra variante entre las dos. Este espíritu distorsiona nuestra adoración con doctrinas mentirosas que parecen verdaderas, pero que están mezcladas con veneno. Incluso los cristianos maduros pueden perderse en su adoración, al enfocarse en alguna de las experiencias en la cima del monte o al exaltar una doctrina sobre una relación verdadera con Dios.

Este capítulo enseña a los lectores que el monte sólo puede tomarse mediante la guía y el poder dinámico del Espíritu Santo. Los revolucionarios de Elías esperarán que el Espíritu Santo obre de maneras inesperadas y serán sensibles a su voz. A causa del amor desenfrenado y apasionado que sienten por Dios, ellos se negarán a practicar una religión basada en ritos y principios, en servicios de culto bien programados, y en teología blanda y arreglada. En vez de eso, ellos tendrán experiencias sobrenaturales con Dios que vencerán las expectativas y tradiciones del *status quo* del cristianismo.

Capítulo 10:
Los heveos y el monte de la celebración

El monte de la celebración incluye a las artes, la música, los deportes, el entretenimiento y todas las demás formas en las que celebramos y disfrutamos de la vida. Las hordas de Satanás han tomado este monte a tal punto que muchos creyentes no están seguros de que pueda recuperarse. Pero el Espíritu de Dios quiere moverse libremente a través de la creatividad y la pasión de su pueblo. Se debe despojar a los heveos de este monte, ya que ellos falsifican la verdadera celebración con sustitutos corruptos, y por medio del espíritu de Jezabel, que seduce a muchos y los aparta del verdadero placer y regocijo que Dios ofrece. El espíritu de Jezabel prostituye los buenos regalos de Dios, y el rol de sus profetas será ver a través de los engaños de la cultura pop y ofrecer la última alternativa real a nuestra sociedad, especialmente para nuestra juventud, que vive y respira casi exclusivamente de este monte por muchos años. Los revolucionarios de Elías producirán música, arte, literatura y demás formas de celebración a la manera del Señor, al estar en su presencia y permitir que su creatividad fluya mediante ellos. El mundo comenzará a valorar y seguir a los artistas cristianos, debido a que la calidad de su trabajo señalará hacia una fuente sobrenatural.

Capítulo 11:
Los jebuseos y el monte de la familia

Malaquías 4:6 promete que el espíritu de Elías regresará y "hará volver el corazón de los padres hacia los hijos y corazón de los hijos hacia los padres". Es la última promesa y el último versículo del Antiguo Testamento. Elías vendrá, y salvará a las familias. Es evidente que las familias se encuentran bajo asalto; vivimos en un área de desintegración familiar sin precedentes. La raíz de este problema es la falta de padres que estén comprometidos por completo con la vida de su familia. El resultado son los males sociales y físicos que emergen del rechazo, que incluye a la depresión, el temor, las desviaciones sexuales, las adicciones, la ira y la violencia.

El principado en este monte es Baal, cuya adoración, con frecuencia, incluía rituales sexuales y sacrificio de niños. El verdadero papel de los pastores en el trabajo, en el gobierno (especialmente en la rama judicial), así como en las iglesias es decisivo para eliminar a Baal y reemplazarlo con familias que en su funcionamiento reflejen las relaciones dentro de la Trinidad y la familia de Dios. Recibiremos y llevaremos a cuestas la obra restauradora de Elías a la naciones.

Capítulo 12:
Por cabeza y no por cola

Es importante que nosotros, el pueblo que fue comprada por la sangre de Cristo, nos percatemos de que siempre ha sido su voluntad que estemos en la cima de los montes en un lugar de preeminencia y bendición. Él no es un Dios sádico que disfruta ver cómo su pueblo lucha y apenas sobrevive. Nada podría estar más alejado de la verdad. Él siempre ha buscado motivarnos con una Tierra Prometida de abundancia ilimitada, en cuerpo, alma y espíritu. Él promete en Deuteronomio que "pondrá a su pueblo por cabeza y no por cola". En gran parte de la historia cristiana, el mundo siempre ha sido el que marca el paso y la iglesia ha seguido sus "formas" en la música, el arte, el gobierno y los negocios. La Revolución de Elías cambiará eso. Desde la presencia de Dios fluirá una forma superior de crear artes, realizar negocios, gobernar naciones y practicar la fe y la adoración. El mundo verá la bendición de Dios sobre su pueblo, y muchos vendrán a Cristo por el aroma del cielo que llevará la iglesia. Como Josué y Caleb, los revolucionarios de Elías tendrán un espíritu diferente al de los cristianos que se rinden ante los montes de la cultura y los gigantes que habitan en ellas. No estarán conformes con vivir en una subcultura cristiana que tenga poca influencia sobre la sociedad sino que se empeñaran en conducir naciones enteras hacia el Reino de Dios por todos los medios posibles.

SOBRE EL AUTOR

Johnny Enlow y su esposa, Elizabeth, son los pastores de Daystar International Christian Fellowship en Atlanta, Georgia. Su pasión primordial es ver que la iglesia estadounidense, así como la internacional, aprenda a darle prioridad a la intimidad con Dios y su presencia, más que a los planes y programas del hombre. Tienen cuatro hermosas hijas: Promise, Justice, Grace y Glory.

Para vivir la Palabra

Te invitamos a que visites nuestra página web, donde podrás apreciar la pasión por la publicación de libros y Biblias:

www.casacreacion.com

Para vivir la Palabra